共生科学概説

共生社会の構築のために

教育・福祉・国際・スポーツ

星槎大学叢書
4

星槎大学出版会

星槎大学

共生科学概説
共生社会の構築のために
教育・福祉・国際・スポーツ

はじめに

　本書は、星槎大学に関わりのある教員によって記された初学者向けのテキストである。星槎大学は、共生科学部を唯一の学部とする通信制単科大学であり、共生科学概説の二科目を必修としている。本書はそのうちの一科目用のテキストとして、教育、福祉、国際社会、スポーツの各分野における共生の在り方を、それぞれバックグラウンドを異にする論者が、多角的な観点で論じたものである。

　そもそも共生科学は、学問のための学問でも、実践や現場から遊離した学問でもなく、どこまでも、多様な現場や領域において共生社会の構築を目指す実践的学問と言ってよい。本書のタイトルを「共生社会の構築のために」としたのは、そのためである。

　では、本書の構成について簡単に述べておこう。

　本書の総論にあたる第Ⅰ章では、筆者（山脇直司）が、共生の概念と共生科学の特徴・方法論について言及した後、公共哲学（より善き公正な社会を追究しつつ、一般市民と共に、現下の公共的諸問題に取り組む実践的な哲学）という観点から、共生教育、共生福祉、共生的国際社会、共生的スポーツの在り方やヴィジョンについて論じている。その際に全体を貫く重要なポイントとなるのは、「各自の生き方や文化の多様性」と「平和や人権の普遍性」の両立が、共生社会構築のために不可欠という見解である。読者の方には、この総論で登場する種々のキーワード（活私開公、共福、WAなど）の中に、「みんなちがって、みんないい（金子みすゞ）」「人を認める、人を排除しない、仲間を作る（星槎グループの理念）」「みんなちがって、みんな一緒（障害者の権利条約）」などの表現で呼ばれる共生社会を構築するための、理念やヒントを読み取っていただきたい。

本書の各論にあたる第Ⅱ章から第Ⅴ章までは、複数の論者が、教育、福祉、国際、スポーツの各分野での共生について論じている。それらの概要は各章の冒頭のガイダンスに記されているが、それぞれ重要な論点として、教育分野では「インクルーシブ教育」（西永堅）「共生へ向けた教職」（手島純）「共生教育のための主体的対話的深い学び」（天野一哉）、福祉分野では「孤立させない福祉文化」（山口道宏）「病いや障がいとの共生」（細田満和子）、国際分野では「国と国との共生」（大嶋英一）「多文化共生」（渋谷節子）「日本での多文化共生」（内尾太一）、スポーツ分野では「競技スポーツでの共生」「生涯スポーツでの共生」（渋谷聡、服部由季夫）などが挙げられよう。読者の方には、各自の関心に沿いながら本書を読み進め、共生社会の構築のための様々な観点を学び、考え、理解を深めていただきたく思う。

　なお、本書の文体は「である調」と「ですます調」の双方を採用し、「障がい」「障害」「障碍」などの表記も統一せず、各執筆者に委ねることにした。

　最後に、本書の刊行にあたり、コメントを頂いた星槎大学の保屋野初子教授と山口道宏教授、迅速な編集作業に携わっていただいたかまくら春秋社の池谷彩子さんに、心から謝意を表したい。

　　　　　　　　　　　　　　　　　　　　　　　　　　　　　山脇直司
　2019年 立春の日に

共生科学概説
共生社会の構築のために　教育・福祉・国際・スポーツ●もくじ

はじめに

第Ⅰ章　総論
共生科学の哲学的基礎——公共哲学的観点から　　山脇直司　13
序——共生の概念と共生科学の方法　13
1　「共生教育」のための哲学的基礎
　　　　——活私開公をめざす教育　16
　1.1　共生教育の基礎としての活私開公と無私開公　16
　1.2　文化環境の多様性と普遍的価値の承認　20
　　1.2.1　文化環境の多様性
　　1.2.2　普遍的価値としての平和と人権
　1.3　活私と開公をつなぐ共生教育のための教師の役割　23
　　1.3.1　コミュニケーション力の涵養
　　1.3.2　共感力の涵養
　　1.3.3　公共的理性と想像力の涵養
　　1.3.4　メディア教育
　　1.3.5　結びに代えて
2　「共生福祉」のための哲学的基礎
　　　　——優生思想に対抗してのデモクラティック・サイエンス　27
　2.1　優生思想とはどんな思想か　28
　2.2　共生福祉を支える人権思想と感受性　29
　2.3　共生福祉を支えるデモクラティック・サイエンス
　　　　——ガバナンスと共生保障　32
3　「共生的な国際社会」のための哲学的基礎
　　　　——グローカルな意識とWA（和と輪）の精神　34
　3.1　平和の条件としての文化多様性の相互理解　34
　3.2　グローカルな意識と教育　37

     3.3　WA（和、輪）の精神
　　　　　——ミクロの平和からマクロの平和まで　39
    3.4　グローバル市民社会とパブリック・ディプロマシーの意義　42
       3.4.1　グローバル市民社会の概念
       3.4.2　パブリック・ディプロマシーの役割
 4　「共生のためのスポーツ」の公共哲学的考察　45
    4.1　公共心とスポーツ　45
    4.2　公共哲学が照らし出すオリンピックの出来事　47
       4.2.1　人権の普遍性：
            トミー・スミスとジョン・カーロス、そしてピーター・ノーマン
       4.2.2　同化主義批判と多文化主義：
            ビリー・ミルズからキャシー・フリーマンへ
       4.2.3　「似非の共生社会」の演出：1936年ベルリン・オリンピック
    4.3　結びに代えて　52

第Ⅱ章　教育

この章のガイダンス　59

共生のためのインクルーシブ教育　　西永　堅　60
1　インクルージョン、インクルーシブ教育って？　60
2　障害のある人たちの権利条約　62
3　合理的配慮　64
4　「同じ」や「普通」、「平等」ではなく、「違い」を認め、公平・公正な社会をめざす　66
5　相利共生を目指して　68
6　ピープル・ファーストとは　69
7　まとめ：これからのインクルーシブ教育・共生教育について　72

共生にかかわる教職について　　手島　純　74
はじめに　74
1　教職とは何か　74

2　人権教育　75
3　同和教育とインクルーシブ教育　76
4　環境教育　79
5　共生社会へ向けた教職の意義　79

共生教育のための「主体的対話的深い学び」をどう考えるか
　　　　　　　　　　　　　　　　　　　　　　　　　天野一哉　81
はじめに　81
問いかけ002　「あなたは『教育』について、どう考えますか」　82
問いかけ003　「あなたは『学習』について、どう考えますか」　83
問いかけ004　「あなたは『主体的（性）』について、どう考えますか」
　　　　　　　　　　　　　　　　　　　　　　　　　　　　　　86
問いかけ005　「あなたは『対話』について、どう考えますか」　89
問いかけ006　「あなたは『共生』について、どう考えますか」　91
つづきに　94

第Ⅲ章　福祉
この章のガイダンス　97

「孤立しない」「孤立させない」
　――現代社会と福祉課題から　　　山口道宏　98
1　老いは「リスク」!?　98
2　少子高齢化、悪いですか　101
3　福祉課題の拡がりと連鎖　105
4　「相談すればよかった」　107
5　差別vs共生　110
6　「おしっこ、さっき、いったでしょ、またぁ」　111

病いや障がいと共に生きる
　――社会学のレンズを通して――　　細田満和子　114
はじめに　114

1　患者・障がい者とは何か　114
　1.1　病人役割　114
　1.2　「障がい者役割」の批判的検討　115
　1.3　規範化された難病　116
　1.4　規範理論の限界と意義　117
　1.5　規範理論を越えて　118
　1.6　病者や障がい者のリアリティ　119
2　「生の証」としての患者の闘い　120
　2.1　ハンセン病と患者会　120
　2.2　日本におけるハンセン病と患者会　121
　2.3　アメリカにおける障がい者運動　122
　2.4　日本における障がい者運動　123
　2.5　アメリカにおける筋痛性脳脊髄炎／慢性疲労症候群の患者会活動　124
　2.6　日本における筋痛性脳脊髄炎／慢性疲労症候群の患者運動　126
おわりに　127

第Ⅳ章　国際

この章のガイダンス　131

国と国の共生のための基礎知識
　——近代国家、現代の国際社会、日本の課題　　大嶋英一　132
はじめに　132
1　国と国際社会　132
　1.1　国際社会と国内社会の違い　132
　　アナーキー（無政府的）な世界／国際システム
　1.2　近代国家とは何か？　133
　　主権国家／主権／国民国家
　1.3　国際法　134
2　戦争を防ぐための努力　135
　2.1　国際連盟と集団安全保障　135

  2.2 国際連合（国連）の目的と諸活動 136
    戦争の違法化徹底／安全保障理事会と拒否権／国連軍
 3 現実の世界 137
  3.1 国連平和維持活動（PKO）と多国籍軍（安保理授権型多国籍軍） 137
  3.2 経済と国際関係 138
    戦後の国際経済体制／南北問題と南南格差／国連と経済開発／国連開発の10年／MDGs／SDGs
  3.3 グローバリゼーションとその影響 140
  3.4 人間の安全保障と平和構築 141
  3.5 国連と人権保障 142
 4 日本と他国との共生のための諸課題 143
  4.1 ナショナリズムと共生：歴史問題と和解 143
  4.2 在日朝鮮人・韓国人とヘイトスピーチ 144
  4.3 共生的な世界を築くための国際貢献 145

多文化共生の難しさと可能性 渋谷節子 148

 1 文化について考える 148
  1.1 日本の文化、世界の文化 148
  1.2 文化とは何か 149
 2 多文化共生のための異文化理解 151
  2.1 異文化とは何か？ 151
  2.2 文化人類学と異文化理解 152
  2.3 異文化理解に向けて 153
  2.4 参与観察という手法 154
 3 多文化共生の難しさ 155
  3.1 文化相対主義の考え方 155
  3.2 文化相対主義の難しさ 157
  3.3 文化本質主義とその危険性 158
 4 多文化共生を目指して 159
  4.1 なぜ多文化共生が重要なのか 159
  4.2 「人間の安全保障」と多文化共生 161

多文化共生と現代日本での課題　　内尾太一　163
1　はじめに――文化的他者への認識　163
2　多文化主義の理念と小史　164
3　日本での多文化共生　165
　3.1　その展開と課題　165
　3.2　日本人／外国人の二分法を超えて　167
　3.3　ラファエルの物語　168
4　おわりに――新しい「我々」の可能性　172

第Ⅴ章　スポーツ

この章のガイダンス　175

共生社会にむけたスポーツの理念と課題　　渋谷　聡・服部由季夫　176
はじめに　176
1　スポーツの概念と価値　176
2　「競技スポーツ」における共生の理念とその精神　177
　2.1　スポーツマンシップと敬意の精神　178
　2.2　ルールと共生の精神　179
　2.3　生徒と指導者の共生ではない関係　182
　2.4　スポーツを通しての国と国、人と人との共生　183
3　「生涯スポーツ」と共生　185
　3.1　生涯スポーツの理念　185
　3.2　障がい者スポーツからインクルーシブ・スポーツへ　185
　3.3　福祉分野におけるスポーツと共生　187
　3.4　健康スポーツと共生　188
4　共生社会に向けたスポーツの課題　191
　4.1　共生社会に向けた競技スポーツの課題　191
　4.2　共生社会にむけた生涯スポーツの課題　192

著者紹介　196

装幀／中村　聡

第Ⅰ章

総　論

共生科学の哲学的基礎——公共哲学的観点から

山脇直司

序——共生の概念と共生科学の方法

　ここ数年来、「共生」という言葉は、日本で大流行している。なかなか外国語に翻訳しづらいこの日本語の語源を辿れば、2つあるように思う。ひとつは、生物学用語のsymbiosisの訳語で、「異種の生物が行動的・生理的な結びつきをもち、一所に生活している状態」(『広辞苑』第七版) を意味し、共棲とも書く。もうひとつは浄土宗の「ともいき」から来る言葉で、亡くなった先祖の方々との「いのちの共生」という意味である。しかし双方とも、現代の人間社会で共生を論じるには限界がある。

　まず、生物学的な意味に由来する共生は、確かに双方が利益を得る「相利共生」という意味では有効と言えるが、それもメタファー（比喩）の域を出ず、さらにそれには「片利共生」という概念や寄生さえも含まれるようなので、人間社会の在り方を論じるには適さないことが多い。他方「ともいき」は素晴らしく思えるけれども、生々しい現代社会に与えるインパクトが弱い。

　概念史的にみれば、この双方を受けて「＜新＞共生の思想」を提唱したのは国際的建築家の黒川紀章であり、彼は、1980年代後半から晩年に至るまで、21世紀の世界秩序にふさわしい哲学として、共生思想を喧伝した。しかしそれは、あまりに内容が壮大すぎて大雑把だったためか、一過性で終わったように思われる。

　他方、こうした動向とは独立に、障碍者の方々を含め、すべての人が積極的に参加できる「共生社会」という概念が21世紀に入って広まった。本書が追究するのは、そうした新しい動向の延長上に、星槎大学が掲げる「人と人」「人と国際社会、ないし国と国」の共生を位置づけ、教育、福祉、国際社会、スポーツの各分野における共生の理念と課題を探究する試みである（なお、星槎大学の理念のひとつ「人と自然の共生」については、別書『人と自然が共生する未来を創る』〈星槎大学出版会、2018年〉で扱っている）。

　本書の探求において重要な役割を演じるキーワードを挙げれば、ひとつは

「人間や文化の多様性」であり、もうひとつは人権、平和、福祉などの「公共的価値の普遍性」であろう。星槎大学が属する星槎グループは「人を認める」「人を排除しない」「（その上で）仲間を作る」という3つの理念を掲げている。まず「人を認める」は、多様な人間のあり方を承認ないし理解することを意味し、またその背後にある文化の多様性の承認ないし理解を意味している。また「人を排除しない」は、子どもや障碍者を含むどのような人間でも、生きる権利と教育を受ける権利を持つことを意味している。「仲間を作る」は、この2つ理念を実社会で実践するための同志を集うことを意味すると言ってよい。

　残念なことに、広く現在の社会に目を向ければ、枚挙に遑がないほど共生と真逆の諸問題に満ちている。ざっと挙げるだけでも、差別、いじめ、虐待、人権弾圧、ハラスメント、孤独死、貧困、弱肉強食的格差、環境破壊、戦争、テロリズムなどが思い浮かぶ。したがって、これらの諸問題の現状を知り（認識し）、その除去ないし克服がどのようにして可能かを探ることは、共生科学の大きな課題である。

　したがって共生科学とは、理念や目標を排除した「価値中立な科学」でもなければ、科学的考察を排除する「イデオロギーやユートピア」でもない。それは、冷静な現状認識を基に、共生社会実現の課題を探りつつ、共生社会を妨げている現実の変革をめざす学問と言ってよいだろう。

　筆者は常々、このような学問理念と課題に鑑み、次の3つのレベルから成る共生科学の学問的方法論ないしアプローチを提唱している。
1）様々な現場の現状分析と認識
　これは、「共生の観点から、教育の現場でどのような問題が起こっているのか、福祉や医療の現場でどのようなことが起こっているのか、現に起こっている環境問題にはどのような歴史的背景があるのか、共生に反する国際問題（紛争、差別、テロ）の歴史的背景は何か」等々について、当事者（教員、公務員、政治家、NPO・NGO関係者、医療関係者、ジャーナリスト、技術者など）との協働によって解明するアプローチを意味する。これは、「私たちは共生社会実現のために、何を知らなければならないのか」という問いに導かれる。
2）ヴィジョンと規範ないし価値論
　これは、「共生社会がどのようなものかをめぐるヴィジョンと、そのための公共的価値（人権、公正、平和、福祉など）の論考」を意味する。一口に共生

社会と言っても、人によって様々なヴィジョンが描かれうるし、共生に不可欠な人権（human rights）にも自由権と社会権があり、その統合が課題となる。また、福祉にも消極的福祉（窮乏の除去）と積極的福祉（生きがいなどの創出）があり、その双方をどのように両立させるのかが課題となる。そして、平和にも身近な人同士の平和というミクロなレベルから、大小の組織のメゾレベルでの平和、国内平和、国家を超えた地域の平和、そして世界平和といったマクロレベルまで多層にわたり、それらの実現が課題となる。これは、「私たちはあるべき、ないし、そうありたい共生をどのように考えるのか」という問いに導かれる。

３）政策論

これは、共生社会を実現するために、「限られた条件の中でどのような政策や制度（システム）設計が可能なのか」についての論考を意味する。現在は、教育政策、福祉政策、医療政策、環境政策、外交政策、メディア政策、科学技術政策など、様々な分野での政策課題が目白押しである。これらは公共政策や社会政策が担う領域であるが、（１）で挙げたような当事者たちとの協働という意味での「ガバナンス（共同決定・共同統治）」が必要となるアプローチでもある。これは、「私たちは共生社会の実現に向けて何ができるのか」という問いに導かれる。

これらのアプローチをできるだけ統合することを通じて、共生科学は、多種多様な現場や地域において共生社会の実現を目指す人々（一般住民、学者・教員、公務員、政治家、医療関係者、ジャーナリスト、NGO・NPO関係者、経営者、会社従業員、科学技術者、宗教関係者etc.）が、「共生科学の担い手」となることをめざす。したがってそれは、従来の縦割り的な専門主義を超えた「諸学問横断的（trans-disciplinary）な学問」観と、「問題解決型アプローチ（problem-based approach）」、さらに「共生社会実現に貢献するための自分の専門分野の位置づけ」「共生社会を妨げている諸問題に対処するときに他の分野の人とどのように協力ないし連携できるかなどを考えるエートス（習慣化された気風）」を要求している。

以上の大前提の上で、以下の総論では、筆者がこれまで発表してきた公共哲学（より善き公正な社会を追及しつつ、現下の公共的諸問題と取り組む実践的な哲学）に関する著書や論文を基に、教育、福祉、国際社会、スポーツの４分野での哲学的基礎を提示していくことにしたい。

第Ⅰ章　総論

1 「共生教育」のための哲学的基礎
――活私開公(かっしかいこう)をめざす教育

　最初の節では「共生教育」についての実践的な哲学的基礎づけを行ってみよう。星槎グループが掲げる「人を認める」「人を排除しない」「(その上で)仲間を作る」という三つの理念は、まさに共生教育の基礎と言ってよい。この理念を、筆者がこれまで発表してきた公共哲学に関する論考を用いながら深めていこう[1]。

1.1　共生教育の基礎としての活私開公と無私開公(むしかいこう)

　社会という概念は多義的であるが、「人間が集まって共同生活を営む際に、人々の関係の総体がひとつの輪郭をもって現れる場合の、その集団」という定義[2]に従うならば、「個人と社会とのかかわり方」には、どのようなパターンが考えられるだろうか。筆者はそれを、次の5つに分類したい[3]。
　(1) 滅私奉公(めっしほうこう)――私という個人を犠牲にして、お国=公や組織のために尽くすライフスタイル
　(2) 滅公奉私(めっこうほうし)――私という個人のために、他者や公正さやルールを無視するライフスタイル
　(3) 滅私滅公(めっしめっこう)――自暴自棄や無気力なライフスタイル
　(4) 活私開公――私という個人一人一人を活かしながら、他者とのかかわり、公正さの感覚、公共活動、公共の福祉などを開花させるライフスタイル
　(5) 無私開公または滅私開公(めっしかいこう)――私利私欲をなくして、他者や公共活動や公共の福祉を開花させるライフスタイル

　まず[4]、(1)の「滅私奉公」は、1930年代から敗戦までの日本人に強いられ、美化されたライフスタイルである。この時代には「滅私奉公」が理想とされ、日本の各地の教育現場では、1890年に発布した教育勅語を生徒に教え込むような態勢が強まっていた。教育勅語は明治期に発布されたものであるが、大正デモクラシーの時代には、自由主義教育を校風とする私学が設けられ、教育勅語のそうした側面は強調されていなかった。しかし、1930年代に日中戦争が本格化し、国民精神総動員運動が唱えられるに至って、教育勅語のそうした側面が強調されるようになり、「私利私欲を捨てて天皇や国家に自分を奉じる」

という意味で、滅私奉公が挙国一致のためのライフスタイルとして人々に強制されたのである。

　誤解を避けるためにいうならば、自分を犠牲にして全体としての公に仕えるという意味での滅私奉公は、ふつう「右翼」と呼ばれる国粋主義や露骨な資本主義だけにみられるものではない。それは、たとえば文化大革命期の中国に見られるように、「左翼」と呼ばれる社会主義や共産主義でも美化されてきた。また、「個人一人一人を犠牲にして組織全体のために尽くす」という考え方やライフスタイルも「滅私奉公」とみなすならば、現代の日本でも、自分を犠牲にして会社や何らかの組織に尽くすことを最高の価値とする考えは、奉公の対象が戦前の国家から戦後の会社に代わっただけで、新たな「滅私奉公」と呼んでよいだろう。過労死や過労自殺などはその痛ましい帰結だと言ってよい。また、1980年代に一部の県に見られたような超管理型教育も、「滅私奉公」の典型的なパターンと言えよう。

　いずれにしろ、このようなライフスタイルでは、個人の多様な生き方や考え方が排除され、強制的な画一化が要求されるだけであり、個性を認め合いながら「人と人との共生」を実践することは不可能である。

　次に（2）の「滅公奉私」という造語を最初に使ったのは、社会学者の日高六郎氏であった。彼は、1980年刊行の『戦後思想を考える』（岩波新書）で、政治のあり方など公共的問題には無関心なまま、専ら自分の私生活を楽しめばそれでよい風潮をそう名づけた。本稿では、そういう使い方を発展させ、「他者や公正さやルールを無視して自分と身内のことだけ」を追求する考え・行動・ライフスタイルを、「滅公奉私」と呼びたいと思う。

　「滅公奉私」は、教育の場では、生徒間のいじめはもちろん、授業中の私語、教師のえこひいきなどにみられる。また組織の中での種々のハラスメント（セクハラ、パワハラ、アカハラ）、汚職（賄賂）やインサイダー取引など数々の例が挙げられるし、ルール違反に関しては、例を挙げるまでもないだろう。このような滅公奉私のライフスタイルでは、共生教育も共生社会も不可能と言ってよい。

　（3）の「滅私滅公」は、やけになって自分自身をも粗末にしてしまうようなライフスタイルや無気力で何もしたくない状態を指している。これは、大人にも青少年にも多く見受けられる。無気力で他人を顧みないどころか、自分をも顧みずに破滅してしまう事態は深刻だが、このような人々が増えるようでは、

第Ⅰ章　総論

共生社会への道のりは険しいだろう。

　以上述べたように、滅公奉私と滅私滅公では、共生社会が生まれず、滅私奉公では歪んだ画一社会しか生まれない。それらに対して、「善き公正な共生社会」の実現のために、本稿が推奨したいライフスタイルは、何よりも（4）の「活私開公」であり、次にそれをサポートする限りでの（5）の「無私開公」ないし「滅私開公」である。

　「活私開公」は、先の定義にあるように、「私という個人一人一人を活かしながら、他者とかかわり、公正さの感覚、公共活動、公共の福祉などを開花させるライフスタイル」を指す。そもそも「私」という個人は、互いに置き換えることのできない「独自性」を持って生きているのであり、共生教育はそれを「互いに認め合う」ことから出発しなければならない。

　まず、人の身体は、それぞれ違った組み合わせをもつDNA（デオキシリボ核酸）と呼ばれる遺伝情報を担う物質によって規定されている。そして最近の研究によって、人間のDNAには大きな個人差が存在しており、その違いによって、病気の発症のしやすさなどの差となって現れるということが広く知られるようになった。また、体型や体力や身体能力は、人それぞれで違っていることは、自明の事実である。自分が生まれついた身体には、他者と置き換えることのできない多様性＝個性差が存在し、それを「互いに認め合う」ことは、共生教育と共生社会にとって不可欠である。

　次に、人それぞれの性格や得意分野にも独自性がある。周りを見回しても、活発で明るく、やんちゃな人もいれば、はにかみがちでシャイな人もおり、そうした性格の違いは認め合わなければならない。また、スポーツが得意な人、音楽が得意な人、美術が得意な人、数学や理科が得意な人、社会が得意な人、英語が得意な人、国語が得意な人など、様々な人がおり、それらを互いに認め合い、それぞれの得意分野を各自が伸ばすことが大切である。そうしてこそ、活き活きとした活気あるライフスタイルとしての「活私（一人一人の独自性を活かすこと）」が可能になる。

　ただし、人それぞれの独自性を活かすことは、「他者と公正(フェア)にかかわる」という観点で補われなければならない。人それぞれが生まれ育つ生活環境は、お金持ちの家に生まれ育つ人、貧しい家に生まれ育つ人、ご両親のいない生活環境で育つ人、日本に住みながらも日本国籍を持たない生活環境で育つ人など、

偶然と多様性に満ちている。それらについて「配慮」し、必要な場合に「扶助」することが、「他者と公正にかかわること」を意味している。

したがって、この扶助や配慮という観点は、「公正(フェアネス)」という価値で支えられることになる。たとえば、ある分野に優れた能力を持っていたとしても、それを伸ばす生活環境がアンフェア（不公平）ならば、それを「正す」必要があるだろう。各自の生活環境の多様性や違いが差別になってはいけないからである。能力があっても、貧しい生活環境のために勉強を続けることができない人がいる場合には、「公正」という観点から、何らかの扶助の手が差し伸べられる必要がある。そうしてこそ、「活私」が「開公（他者とのかかわり、公正さの感覚、公共活動、公共の福祉などを開花させること）」につながっていく。

このように、私一人一人の個性が「公正さ」によって補われて活かされることが共生社会の条件として理解されなければならない。以前には、平等は個性を奪うという主張もよく見られたが、それは、「均質」という意味の平等と、「公正」という意味の平等を取り違えた意見である。均質という言葉には、みんなが同じ画一的な性質を持つというニュアンスがあるため、均質という意味の平等は個性を奪うかもしれないけれども、公正という意味の平等は、そのような画一的なニュアンスよりも、「機会の平等」というニュアンスが強い言葉であり、「多様な個性を活かす」ための理念として考えられなければならない。

こうした「一人一人の個性を活かすような」仕方で他者とコミュニケーションし、公正のみならず、公共の福祉、平和、人権など、他者と共有し合える「公共的価値」ないし「公共善」の実現を願い、差別、貧困、戦争、人権弾圧、環境破壊などの「公共悪」や、地震、津波などの「公共的災禍」を除去するために何らかの努力をするライフスタイルこそが理想的な「活私開公」のライフスタイルと言えるであろう。ただし、その実現のためには、どうしても、（5）として挙げた「無私開公」ないし「滅私開公」というライフスタイルを、教育関係者に要求せざるをえない場合も生じる。

特に、たとえば大震災のような何らかの緊急事態が発生した時に、また、様々な理由でPTSD（心的外傷後のストレス障害）に悩まされる人々をPTG（心的外傷後の成長）としての「活私開公」へ至るよう支援するために、先に挙げた方々の「無私開公」や「滅私開公」の活動は不可欠であろう。それはまた、最近よく聞かれるようになったレジリエンス（心の回復）のための支援と言うこともできよう。

こうした観点での（4）と（5）の組み合わせによるシナジー効果（相乗効果）が、日本国憲法13条に記されている「諸個人の尊重」と「公共の福祉」を両立させ、「活力と思いやりに満ちた共生社会」を実現するための共生教育にとって、極めて重要だというのが、第一のメッセージである[5]。

1.2 文化環境の多様性と普遍的価値の承認

次に、人を認める共生教育の基礎として、「文化環境の多様性」と平和や人権などの「普遍的価値」について考えてみよう[6]。

1.2.1 文化環境の多様性

さてざっと視野を広げれば、同じ世代に属する人々の間でも、各自が生きる文化環境は実に多様なことが理解される。たとえば、日本国内に限った場合でも、沖縄、九州、関西、北陸、関東、東北、北海道では、それぞれ言葉も風習も違っているし、大きな都市と農村では、雰囲気が相当違う。

共生教育にとって大切なのは、これらの文化環境の違いをできるだけ念頭に置かなければならないことである。その際、ある文化環境の方が他よりも優れているなどと思い上がることは許されない。かつては、「標準語」を話す東京に住む人（あるいは生徒）が田舎から出てきた人（あるいは転校生）の「方言」をからかうということがよくあった。

しかし今では逆に、そうした標準語という考え方こそ問題にされなければならない。なぜならそれは、明治時代に、東京の山の手地区という限られた地域の中流階級の人たちが話す「特定の日本語（東京方言）」を、明治政府が「標準的な日本語」と一方的に定めた概念だったからである。標準語という概念の特殊性が問われている現在では、むしろ「各地の方言」が持つ豊かさを互いに認め合わなければならないはずである。

さらに、現在の日本に住んでいる人々は、生粋の日本人だけではないことも強調されなければならない。学校生活では、日本国籍以外の生徒が急増しており、日本のある小学校では、日本国籍をもたない児童の数が半数を超えたことが報告されている。そして決して忘れてはならないこととして、日本に長く住みながら日本国籍を持たない在日コーリアンや在日中国人と呼ばれる生徒も多数存在している。そして、学校生活以外でも、日本に住む外国籍の人々は毎年増加している。これからも、多くなることはあっても、少なくなることはない

だろう。そうした人々の多様な文化環境を承認し、さらに進んで、そうした人々の「文化環境の歴史」も理解するように努めなければならない。

　視野を海外に広げるならば、言語の違いをはじめ、文化環境の違いは一目瞭然であるが、言語の違いを超えてコミュニケーションするために、現在では英語が広く使われるようになった。その意味で、英語教育の普及はやむを得ないけれども、日本語における「標準語」の問題と同様、英語を母語として使う人々の文化が特権化されることがあってはならない。いわゆるグローバル化が人々の文化環境を均質に理解することであってはならないからである。英語はどこまでも、多様な他者とコミュニケーションするための手段だという自覚が、英語教育に伴わなければならない。

1.2.2　普遍的価値としての平和と人権

　さて、このように「文化環境の多様性」を承認することは非常に大切であるが、それは、それぞれが自分の文化や流儀にしたがって勝手にやるべきだということを意味しない。そうした「悪しき相対主義」と呼ばれるような考え方を貫くならば、文化の違いを超えてみなが共有できる公共的価値や、文化の違いにかかわらず除去しなければならない悪や災禍は一切ない、ということになってしまうからである。その場合、福祉や平和や人権といった公共的価値の存在は否定され、構造的な不平等や差別などの公共悪ですら「その文化の特徴である」として見逃してしまうような事態に陥りかねない。また、自然災害のような災禍でも、自分たちには関係ないといった無関心の世の中になってしまうであろう。

　おそらく、こうした文化環境の違いを超えて共有ないし認識しあえる公共的価値や公共的な悪や災禍を、「普遍的な価値と悪」または「文化横断的な価値と悪」という言葉で呼ぶこともできるだろう。しかしいずれにせよ、それらは、文化環境や国籍の違いを超えて、人々が承認し合うような価値や悪を意味している。その意味で、共生社会の基礎となる共生教育には、上述したような多様性が不可欠であると同時に、普遍性の視点も不可欠である。

　21世紀の現在は、地球上の人々が福祉や平和を共に考えていかなければならない時代に入っており、この趨勢は今後ますます強まるだろう。そうした要請に応えるべく、次に、我々が住む日本という国の根本的な方向性と理念を現している「日本国憲法」と「教育基本法」の意義を再考してみたいと思う。

第Ⅰ章　総論

　1947年に発布された「教育基本法」は、戦前の教育勅語に代わり、そのような憲法の精神に沿った国民一人一人を育てる理念を謳ったものであった。
　その前文を引用してみよう。
　「我々日本国民は、たゆまぬ努力によって築いてきた<u>民主的で文化的な国家</u>を更に発展させるとともに、<u>世界の平和と人類の福祉の向上</u>に貢献することを願うものである。我々は、この理想を実現するため、<u>個人の尊厳を重んじ、真理と正義を希求し、公共の精神を貴び、豊かな人間的創造性を備えた人間の育成</u>を期するとともに、伝統を継承し、新しい文化の創造を目指す教育を推進する。ここに、我々は、<u>日本国憲法の精神にのっとり</u>、我が国の未来を切り開く教育の基本を確立し、その振興を図るため、この法律を制定する」（傍線は筆者による）
　ここには、国内だけでなく、世界平和と人類の福祉という「国境を越えた公共的価値」に貢献できるような人間の教育が謳われている。
　そして、この前文を受けて続く本文では、教育の目的および目標として、次のようなことが記されている。
　「教育は、<u>人格の完成を目指し、平和で民主的な国家及び社会の形成者として必要な資質を備えた心身ともに健康な国民の育成</u>を期して行われなければならない。」（第１条）。「<u>個人の価値を尊重して、その能力を伸ばし、創造性を培い、自主及び自律の精神を養う</u>とともに、職業及び生活との関連を重視し、勤労を重んじる態度を養うこと。」（第２条の二）。「<u>正義と責任、男女の平等、自他の敬愛と協力を重んじる</u>とともに、<u>公共の精神に基づき、主体的に社会の形成に参画し、その発展に寄与する態度を養うこと。</u>」（第２条の三）。「<u>生命を尊び、自然を大切にし、環境の保全に寄与する態度を養うこと。</u>」（第２条の四）。「<u>伝統と文化を尊重し、それらをはぐくんできた我が国と郷土を愛するとともに、他国を尊重し、国際社会の平和と発展に寄与する態度を養うこと。</u>」（第２条の五）。（以上の傍線は筆者による）
　この文章で謳われている「人格の完成、平和で民主的な国家及び社会の形成者、個人の価値、能力と創造性の発揮、自主、自律、正義と責任、男女の平等、自他の敬愛と協力」などは、まさに前節で述べた「活私開公」を形づくる理念に他ならない。それ故、それらをお題目としないような現場での生き生きとした「活私開公の共生教育」が遂行されることがおおいに期待されよう。
　とはいえ、誤解を避けるために、2006年12月の改訂で新たに入った「公共の

精神」と「伝統と文化」という文言を、この本はどのように理解するのかについて、ここで述べておくことにしよう。

　まず「公共の精神」が一体何を意味しているのかという具体的な定義は記されていない。一部の人たちはそれを「国家に尽くす精神」と解釈したがっているようであるが、それは全体の文脈から言って無理である。なぜなら、第2条で真っ先に出てくるのは、「個人の価値」であり、次に「自主及び自律の精神」であるからだ。その上で、「正義と責任」「男女の平等」「自他の敬愛と協力」と続き、その後で出てくるのが「公共の精神」で、しかもその後に「主体的に社会の形成に参画し」とあるから、「公共の精神」はまさに「活私開公」の理念で解釈できる文言だと言ってよい。言い換えれば、ここでの「公共の精神」は、まさに「平和」「人権」「福祉」などの「公共的価値を尊ぶ精神」と解釈できるし、そのように解釈しなければならないはずである。

1.3　活私と開公をつなぐ共生教育のための教師の役割

　さて活私開公と無私開公の2つのライフスタイルによる「個人の尊重」と「公共の福祉」の両立を強固にするためには、一人一人を活かすという意味の「活私」と、公共的な活動を開花させるという意味の「開公」をつなぐような教育が実践されなければならないだろう。それについて、筆者なりの考えを述べてみよう[7]。

1.3.1　コミュニケーション力の涵養

　ある辞書によれば、コミュニケーションとは、「社会生活を営む人間の間に行われる知覚・感情・思考の伝達。言語・記号その他視覚・聴覚に訴える各種のものを媒介とする。」（『広辞苑』第七版）と定義されている。こうした意味でのコミュニケーションの中で、教育の場で培われるべきものは、「身内以外の他者とのコミュニケーション力」である[8]。学校のクラスメート同士は、友人以外であっても何らかのコミュニケーションを取らざるを得ないであろうし、道を歩いているとき、自分の不注意で知らない他人にぶつかったとしたら、その人に謝るのが当然であろう。人間には誤解がつきもので、誤解が誤解を生んで互いに敵対しあうということは、大人の世界でも頻繁にみられる。そういう場合に誤解を正す行為もコミュニケーション力にかかっており、教師は自らを正しつつ、生徒のコミュニケーション力を涵養するよう努めなければならない。

しかし、他者との公共的コミュニケーションは、こうした消極的な役割を超えて、積極的なものにまで進む必要がある。中でも、公共的な事柄に関して「合意」を形成することは、コミュニケーションの重要な役割のひとつと言える。たとえば、学校の生徒会で何かを決める時とか、クラスで何かルールを作る場合、教師が一方的に決めるのではなく、生徒同士が腹蔵なく意見を出し合って、合意に至るというプロセスを育むのも、重要な教師の役割であろう。

とはいえ、そのような合意は常に得られるとは限らない。そのような場合、互いに敵対してコミュニケーション不全に陥らないために奨励されるべきは、「和して同ぜず」というライフスタイルであろう。『論語』に出てくる、「君子は和して同ぜず。小人は同じて和せず。」とは、「意見が他の人と違っている場合、その人と敵対もしないし、おもねって同調することもせず、しかし協調して（和して）いく」という意味の格言である。個性をもった一人一人の意見が多様なために、コミュニケーションし合っても、合意に至らないことは多々あるが、そのような時に、しぶしぶ同調しながら意見の違う人の陰口をたたくというのは、「和して同ぜず」とは真逆の「同じて和せず」の態度そのもので、潔くない。そうではなく、互いに違う意見を尊重し合いながら、自分がどうしても正しいと思う意見は軽々しく譲らないという態度が「和して同ぜず」である。こういう態度によってこそ、憲法19条に記された「思想・良心の自由」が活かされる。「公共」という授業では、こうした東洋の古典からインスピレーションを得ながら、現代社会で望まれるライフスタイルを考えるような教育がなされて然るべきであろう。

1.3.2　共感力の涵養

次に「活私」と「開公」をつなぐ上で重要な「共感力」の涵養を考えてみよう[9]。公共的事柄に関する共感力は、「公共的感情(パブリック・センチメント)」という言葉で置き換えられうる。公共的感情とは、私的な感情と違って、「他者と分かち合うことのできる感情」を意味している。

公共的感情の中で代表的なものを挙げるとしたら、コンパッションと公憤と同慶であろう。コンパッションとは、「他者の苦しみを自分のもののように感じる気持ち」であり、たとえば、震災や水害など、災禍にあって苦しんでいる人へのコンパッションは、多くの人が共有しうる感情である。そうした感情を、古代中国の孟子は「惻隠の心(そくいん)」と呼び、18世紀の思想家ルソーは「憐憫(れんびん)」、19

世紀の思想家ショウペンハウアーは「共苦」と呼んだ。
　身近な他者へのコンパッションの涵養が必要なことは言うまでもない。しかし、現代のグローバル化した社会では、遠い世界（外国など）にいる他者に対してもコンパッションが必要となる。たとえば、自国以外で起こった災禍に襲われた人々に対して多くの人がコンパッションの気持ちを抱けるような心を養うことが、共生教育のための教師の役割であろう。
　他方、公憤とは、自分だけの事柄に関する怒りを意味する私憤と異なり、「他者と共有できる怒り」を意味している。身近で起こった（ないし起こっている）不正に対してであれ、遠い世界で起こっている公共悪に対してであれ、公憤を感じることは必要である。大和英辞典（研究社、第五版）をひくと、日本語の公憤は英語でanger as a public citizenに当たるとされており、私憤と公憤を区別し、公憤を互いに理解し合えるようなセンスを涵養することも、活私と開公を繋ぐ教師の役割と言えよう。
　このような公共的感情は、災禍や公共悪に対して抱く感情ばかりではない。平和、人権、福祉などの「公共的な価値」が実現したことに対して抱く「喜び」の感情も、公共的感情に入る。このような感情を一言で言い表す日本語を強いて挙げれば、「同慶」であろう。同慶は、「他人の喜びを、自分のことのように喜ぶこと」を意味し、身近な人々の間で使われることが多い言葉だが、遠い世界に生きている人々に対しても抱きうる公共的感情として理解することも可能なはずであり、教師はそれを生徒に喚起させるよう努めなければならない。

1.3.3　公共的理性と想像力の涵養

　しかし、このような感情を実践と結びつけるためには、「状況に応じた冷静な分析と判断」もまた必要となる[10]。たとえば、身近であれ、遠い地域であれ、災禍に苦しんでいる人々を支援ないし救済するために自分ができることは何か、平和（心の平穏を含む）や人権や福祉などの公共的価値を実現していくにはどのような手段が有効かなどを考えるためには、その都度の状況を冷静に分析し判断する「公共的な理性」が不可欠であろう。このような公共的理性は、受験勉強に必要とされるような暗記力や知力とは違い、状況をよく分析し実践する判断力を指す概念として理解される。こうした能力は、一朝一夕に身に付くものではないであろうが、公共世界とかかわる上で不可欠な能力であり、公共という授業ではそれを涵養する力が教員に要請されよう。

第Ⅰ章　総論

　そしてその手助けとなるのが、「公共的想像力(パブリック・イマジネーション)」である。ここで想像力というのは、「現実にはありうるはずのないことをあれこれ思いめぐらすこと」（『広辞苑』第七版）という意味での「空想」する能力とは違い、「目の前にない物事のイメージを心に浮かべる能力」を意味しており、それゆえ、「現実にありうるかもしれないこと」を思いめぐらす能力と考えてさしつかえない。その意味で、公共的想像力とは、「他者と分かち合えるイメージの喚起力」に他ならないのである。

　公共的想像力は、理想とするべき公共的価値を思い描くのにも必要とされるし、身近でない世界で現実に起こっている公共悪や災禍、さらには近い将来起こりうる公共悪や災禍などをイメージとして思い浮かべる大切な能力である。たとえば、テレビでは報道されない戦争、人権弾圧、災禍などで苦しんでいる人々を思い浮かべる能力、今後起こりうる地震などの災禍や戦争などを思い浮かべる能力、人々の平和や福祉（幸せ）を思い浮かべる能力等々は、公共的想像力と呼ぶことができ、その力を生徒間に涵養するのも教師の務めと言える。

1.3.4　メディア教育

　ところで、インターネットの普及によって、遠い世界の人々とも交流できるようになったこと自体は、歓迎すべきことである[11]。実際、これからのインターネットは、「身内以外の人々と様々なコミュニケーション」によって、「公共世界の輪」を作っていく媒体(メディア)として機能するべきである。しかし、今の日本で起こっているインターネットの現状をみると、喜ばしいと思うだけでは済まされない。日本の高校生がネットでつながる人間関係の割合は非常に高いとも言われ、そのために、面と向かって他人とコミュニケーションをする能力が奪われてしまっていることが問題となっている。またインターネットを悪用したいじめや誹謗中傷をグループ単位で行うことも深刻な問題となっている。

　このような「ゆがんだつながり方」では、インターネットは「公共悪の媒体」になってしまう。こうした事態を打開するには、「私一人一人を活かすような人と人とのつながり方」を伝授するようなメディア教育の授業が、学校に設けられて然るべきである。人間は誰でも自分を理解されたいという欲求、他人とつながりたいという欲求、そして幸福になりたいという欲求を持っている。それらの正当な欲求を、上述した「滅公奉私」ではなく「活私開公」へと向けさせることこそ、現代の学校教育の大きな課題だと言ってよい。インター

ネットを通して、私一人一人を活かす公共世界の創造のためには、仲良し（仲間）だけの閉じたコミュニケーションに陥らず、生徒のコンパッション、公憤、同慶、公共的理性、公共的想像力などをできるだけ喚起し、公共的価値、災禍、公共悪に思いをはせる感受性を養うよう教師には要求されるであろう。

1.3.5 結びに代えて

　最後に、現代には実に様々な公共的問題が存在し、その中のどれを取り上げるかは、基本的に教師の裁量に任せてよいであろう。しかしその際に、たとえば、アメリカの公共哲学者マイケル・サンデル（1953-）が示したように[12]、教師は知識と事例を提供したうえで、生徒に率直な様々な意見を出させ、生徒間同士の様々な考え方をまとめる調停者として自らを位置づけるべきである。その場合、教師は特定の意見を押し付けることがあってはならないが、各個人の尊重、星槎グループの約束を使えば「人を認める」という価値観だけは共有しなければならないだろう。そのうえで、「様々な意見を排除せず」に耳を傾け、生徒の「活私開公」を実現する途を切り開かなければならない。それが教師の「無私開公」の行為であろう。

2　「共生福祉」のための哲学的基礎
——優生思想に対抗してのデモクラティック・サイエンス

　この節では、「共生福祉」について思想と社会科学の双方の視点で考えていきたい。
　19名の死者と27名の負傷者を出した相模原市の障碍者施設での殺傷事件の容疑者は、この施設の元職員で、犯行に先立つ2016年2月に彼が当時の衆議院議長に当てた手紙には「障碍者は社会の不幸を作ることしかできません」という趣旨の文言が記されていたとされ、犯行後も自らの行為を正当化する発言を繰り返しているという。たとえ容疑者が多少の精神疾患を患っていたにせよ、またこうした容疑者の犯行を狂気に駆られた蛮行にすぎないと断定する場合でも、彼の発言は、共生社会の実現を謳う人々に対してひとつの大きな挑戦状を叩きつけている。なぜなら彼の蛮行は、「社会にとって有用か否かで人間を評価し、有害な人間や不用な人間は排除してよい」という優生思想に立脚しているからである。このような事態にも鑑み、そうした優生思想が人権論を基盤とする共

生思想と相容れないことを明確にし、その上で、優生思想に対応しうる「共生福祉」思想とそれを実現する共生科学について考えることにしたい[1]。

2.1 優生思想とはどんな思想か

　共生思想と相容れない優生思想とは、簡潔に言えば、「社会にとって有用か否かで人間を評価し、有害な人間や不用な人間は排除してよい」という思想、さらに進んで「障碍者は社会から排除されても仕方がない」という思想を指す。

　優生思想には、様々なバージョンがあり、ヨーロッパでは、「強者の権利こそ正義」と説いた古代ギリシャのカリクレスや、そのカリクレスを批判するための優秀者による正義の実現を説きながら、優秀者の多い社会を作るために「優劣を選別し、優秀な男女による生殖」を説いた大哲学者のプラトン[2]など、古くから存在していた。そして近代では、イギリスの遺伝学者であり、ダーウィンの弟子の一人であったフランシス・ゴルトン（1822-1911）が1883年に、悪質の遺伝形質を淘汰し、良質なものを保存する優生学（eugenics）を提唱し、近代的優生思想の祖となった[3]。また日本では、東京大学の2代目総長であった加藤弘之（1836-1916）が、露骨な優生思想を唱え、優勝劣敗を社会進化の法則だと断言し、当時の天賦人権説を批判したことは有名である[4]。加藤は、人権などは虚妄な概念であり、優れたものが劣った者を打ち負かし、支配することこそ正しいのだと説いていた。

　こうした優生思想は、1930年代から40年代前半にかけてドイツで政権を握ったナチの人種政策で露骨に悪用されたことも広く知られている。特に忘れてはならないのは、その安楽死政策であり、最初T4（安楽死管理局の所在地に由来する言葉）作戦と呼ばれたこの政策は、最終的に社会にとって無用と判断される約20万人の人々を安楽死させた。そのためにいくつもの安楽死施設が作られ、無用と判断された人々が排気ガスなどによって殺害されたのである。ナチの命令に従った医師や看護師は、患者の安楽死をためらいなく遂行し、何らかの障碍のある子どもたちへの安楽死も行った。この政策に加担した医者や看護師の多くは、安楽死を当然のように受け入れていたのである。

　けれども、こうした優生思想に基づく公共政策は、ナチのような野蛮な時代にだけ適用されたわけではない。たとえば、福祉大国スウェーデンでは、1930年代から70年代まで、特定の精神病患者や知的障碍者や身体障碍者への強制的な不妊手術を本人や親の同意なしに行うことのできる法律が存在していた。こ

の分野に詳しい社会学者の市野川容孝は、誰が子どもを産むに値するか、誰が生まれるに値するか、さらに誰が生きるに値するかという人間選別を行うことで、スウェーデンの福祉国家が成り立っていたとみなしている。彼はまた、福祉国家スウェーデンの思想的支柱の一人でありノーベル経済学賞受賞者である経済学者のグンナー・ミュルダール（1898‐1987）もまた優生思想の持ち主であったと述べ、さらに戦後日本の優生保護法もそれに準じる規定が存在していたことを批判している(5)。そして最近日本でも、ようやく当時の優生政策（旧優生保護法）で被害を蒙った方々による訴訟が始まったことは、よく知られている(6)。

　残念ながら、こういう優生思想は、形を変えて現代の高名な学者の間にも潜在している。たとえば、世界的に著名な社会生物学者で戦闘的な無神論を標榜するイギリスのリチャード・ドーキンス（1941‐）は、近年「ダウン症の子どもを産むのは人々に苦痛を与えるので産むのは控えるべきだ」という発言をして多くの人々から批判を受け、謝罪に追い込まれた（https://www.telegraph.co.uk/news/health/news/11047072/Richard-Dawkins-immoral-to-allow-Downs-syndrome-babies-to-be-born.html参照）。また、功利主義的公共哲学（倫理学）の世界的論客であるオーストラリアのピーター・シンガー（1946‐）も、ドイツで行った講演の際に、重度障碍を抱えた新生児の安楽死許容の発言をし、非難にさらされた。（https://www.heise.de/tp/features/Schonung-der-Tiere-Euthanasie-fuer-schwer-behinderte-Kinder-3412511.html参照）。

　本稿のテーマである「共生福祉」を考える場合、何よりもまず、共生福祉の思想がこうした優生思想と相容れないことが強調されなければならないだろう。その上でさらに、「最大多数の最大幸福」を最高規範とする功利主義も、マイノリティである障碍者の権利を保障する思想とは成り得ないことが認識されなければならないだろう。共生福祉は、障碍者のみならず、「社会的弱者の人権を配慮」する思想で基礎づけられなければならない。では次に、その共生思想の内容を述べてみたい。

2.2　共生福祉を支える人権思想と感受性

　本書の西永堅論文が述べているように、2006年12月に国連総会であらゆる障碍者の尊厳と権利を保障するための「障碍者権利条約」が採択され、日本政府は2014年1月にそれを批准した。「みんな違ってみんな一緒」「私たちのことを

私たち抜きに決めないで」などをキーワードとしたこの画期的条約は、下記の日本国憲法25条と26条の徹底化と理解できよう。

「すべて国民は、健康で文化的な最低限度の生活を営む権利を有する。②国は、すべての生活部面について、社会福祉、社会保障及び公衆衛生の向上及び増進に努めなければならない。」（25条）

「すべて国民は、法律の定めるところにより、その能力に応じて、ひとしく教育を受ける権利を有する。②すべて国民は、法律の定めるところにより、その保護する子女に普通教育を受けさせる義務を負ふ。義務教育は、これを無償とする。」（26条）

基本的人権（fundamental human rights）は、自由権、平等権、社会権に大別され、日本国憲法の第3章（国民の権利及び義務）はその内容を明記しており、その中の第25条と第26条は社会権に当たるが、この社会権という地平で、共生教育と共生福祉は連動しており、共生福祉の場合は、特に「健康で文化的な最低限の生活を営む権利」という観点に基づいた福祉概念と、後に述べるように、共福と共苦の感受性を必要とする。

ではここで、福祉という概念の変遷と現状についてまとめておこう[7]。イギリスの法律学者かつ経済学者のウィリアム・ベヴァリッジ（1879–1963）が第2次大戦中の1942年に出した有名なベヴァリッジ報告は、「窮乏、疾病、無知、ホームレス、失業などの除去」を目標として掲げていた。そしてその実現のために、低所得層に限らず、全国民が保険に加入する国民皆保険を提案し、それが戦後イギリスで、「ゆりかごから墓場まで」のキャッチフレーズで知られる福祉国家を生み出したことはよく知られている。そうした福祉国家に異議を唱えて、新自由主義と呼ばれる政策を行ったのが1980年代のマーガレット・サッチャー（1925–2013）首相であった。彼女は、企業に対する減税政策を行い、社会保障費を大幅に削減した。そのために、病院への公的援助が大幅に減らされ、人々は高騰した医療費に苦しめられることになったのである。

それに対して、1990年代に当時のブレア労働党政権のブレーンだった社会学者のアンソニー・ギデンズ（1938–）は、ベヴァリッジ報告にみられた「窮乏、疾病、ホームレス、失業の排除」といったネガティブ（消極的）な福祉観だけではなく、「自律、健康、教育、よき暮らし、進取などの創造」といったポジティブ（積極的）な福祉観を打ち出し、それを実現するために、政府だけでなく、NGOやNPOが人々の福祉を担うような「社会的投資国家」を提唱した[8]。

それが成功したかどうかは専門家の判断に任せることにして、筆者は、共生福祉にとっては、双方の福祉観が共に重要だと考えている。

そのためにここで、筆者が大なり小なり影響を受けた、インド生まれでイギリスで活躍した経済学者アマルティア・セン（1933-）の考えを紹介してみたい[9]。

幼少の頃、インドの西ベンガル地方で大飢饉を目の当たりにしたセンは、貧困の除去と公共の福祉を実現すべく、福祉（厚生）経済学（ウェルフェアー・エコノミクス）と呼ばれる研究に携わるようになった。しかし彼は、人間の福祉が単なる「所得」や「効用（欲望の充足度）」で測られることに異議を唱え、ウェルフェア（welfare）の代わりに、ウェルビィーング（well-being）という英語を用いて、個人の「生活の良さや質」としての福祉を考えることを提唱している。

センは人間の自己実現の状態としての福祉を、所得水準という観点からだけでなく、栄養状態が良いこと、予防可能な病気にかからないこと、早死にしないことといった観点から捉える。たとえば、所得水準が高くても、犯罪率が高かったり、栄養不良で早死にしたりする人が多い地域の福祉水準は、所得水準が低くても、犯罪率が低く、栄養状態も良好で、平均寿命が長い地域の福祉水準よりも低いと彼は考えている。

彼はまた、それと同時に、社会全体の福祉向上のために、個人の基本的人権としての自由権を脅かすような体制を批判する。各自の自由を抑圧して社会福祉を実現しようとする体制は、筆者が第1節で批判した「滅私奉公」の体制に他ならないだろう。彼はそうした体制を否定し、「個人一人一人の自由な自己実現」という価値を前提にしてこそ「公共の福祉」が成り立つと考え、自由権、平等権、社会権を是非とも鼎立させなければならない基本的人権とみなす。

したがって、何らかの身体的・精神的ハンディキャップを持っている人には、彼ら・彼女らなりの福祉が少しでも可能になるように、できるだけ多くの社会的支援や扶助を行うことが、「公正」という意味での「平等」に適う。個人一人一人の生活状態は不平等であるが故に、それに見合った形で支援や援助を行い、各自が自己実現できるような公共世界を構築していくことが、センにとって「公共の福祉」の実現を意味している。したがって、障碍者の方々が背負う不平等の是正も、このような「公正な福祉政策」の大きな課題となる。そしてその実践に必要な姿勢として、当事者意識を持ってコミットする意

識と共感が必要とされる[10]。こうした考えは、第1節で筆者が述べた「活私開公」の理念とマッチしており、他者の立場にたって考えるという意味の「共感（empathy）」に加えて、「共福（co-happiness）と共苦（compassion）の感受性」が必要となるだろう。

この場合の「共福」とは、社会のみんなが幸福になれることを意味し、かつて宮沢賢治が『農民芸術概論綱要』で「世界全体が幸福にならないうちは個人の幸福はありえない」と述べたような意味合いを持つ。他方、「共苦」とは、他人の苦しみを共有できることを意味し、ショウペンハウアーが『意志と表象としての世界』の末尾で唱えた「共苦による連帯」のような意味合いを持つ。これらはともに、優生思想や「勝ち組、負け組」で人間をとらえる思想とは真っ向からぶつかる思想であり、この地平でも、共生福祉は共生教育と連動すると言ってよい。

2.3　共生福祉を支えるデモクラティック・サイエンス
——ガバナンスと共生保障

最後に、共生福祉のための政策と制度設計の問題に言及しなければならない。冒頭で述べた「現状分析」「理念」「政策・制度設計」の統合をめざす共生科学にとって、共生福祉が単なる理念だけにとどまらないためにも、制度設計のための政策論は重要な課題となるからだ。これは従来、社会政策ないし公共政策の名で呼ばれている学問領域に当たる。

そのためには、まず以下の引用から始めたい。

「人々の支え合いと活気ある社会。それをつくることに向けたさまざまな当事者の自発的な協働の場が『新しい公共』である。これは、古くからの日本の地域や民間の中にあったが、今や失われつつある『公共』を現代にふさわしい形で再編集し、人や地域の絆を作り直すことにほかならない。

『新しい公共』が作り出す社会は『支えあいと活気がある社会』である。すべての人に『居場所』と『出番』があり、みなが人に役立つ歓びを大切にする社会である。『新しい公共』とは、『支え合いと活気のある社会』を作るための当事者たちの『協働の場』である。そこでは『国民、市民団体や地域組織』『企業やその他の当事体』『政府』等が、一定のルールとそれぞれの役割をもって当事者として参加し、協働する。——その舞台を作るためのルールと役割を協働して定めることが『新しい公共』を作ることに他ならない。」（「新しい公

共」円卓会議資料　平成22年６月４日）

　これは、2009年に当時の鳩山内閣が掲げ、その後の政局と政権交代で消失した「新しい公共」の理念と宣言である。筆者はこの宣言に一切かかわっていないが、今思うに、「政府」だけでなく、「国民、市民団体や地域組織」「企業やその他の当事体」などの協働が作り上げる「公共」と、すべての人々に「居場所」と「出番」があり、「みんなが人に役に立つ歓びを大切にする社会」の重要性を明記している点で、共生福祉の思想と政策の土台となりうるヴィジョンと言える[11]。

　ではこのヴィジョンを基に、共生福祉をめざす政策論ないし政策科学のあり方を、筆者が復権したい過去の知的遺産を援用しながら考えてみよう。日本の社会政策学会創設期の重鎮であり、かつ大正デモクラシーの旗手の一人であった福田徳三（1874－1930）は、1922年刊行の『社会政策と階級闘争』という大著の中で、「社会」という概念を、人間が自らの生存権を実現するための要求運動の場として捉え、生存権を要求する「社会運動」を、「国家・ないし政府」が承認し実現することを社会政策の本質と捉えていた[12]。福田はまた、社会政策に目覚める経済学を「デモクラティック・サイエンス（民主的科学）」と名付け、それを人間の生活全般の福祉に関わる厚生（福祉）経済学と名づけていた。「人間の生活全般の福祉に関わる形の厚生経済学＝デモクラティック・サイエンス」こそが、福祉実現の社会政策にとって必要不可欠であり、その際に最も重要な価値や規範は、効用ではなく、「生存権」であった。彼はそうした福祉思想を基に、1923年に起こった関東大震災の際に、様々な活動を行い、その復興のために尽力したのである[13]。

　このような福田の思想は、第１次大戦後のワイマール憲法の社会的生存権思想とマッチしていた。前述した日本国憲法の第25条は、ワイマール憲法公布時にドイツに滞在していた森戸辰男（1888－1984）の進言によって生まれたとされているが、すでに大正デモクラシー時代に、福田徳三によって唱えられていたことも忘れられてはならない。しかし残念ながら、デモクラティック・サイエンスという言葉は彼の死後、聞かれなくなって久しい。

　しかしそれは、現代において「市民社会と政府の協働」という観点から捉えなおす必要があると筆者は思う[14]。一方的に政府が主導する制度設計では、独善的かつ官僚的になってしまうし、他方、NPO（民間非営利組織）などから成る市民社会は、政府の公的支援なしに福祉活動を実践するのはなかなか難

しい。したがって共生福祉は、市民社会が描く多様な制度設計と、そうした動きをボトムアップ式に吸い上げてサポートする政府との協働が必要となる。

これに関しては、現代日本で福祉政策論をリードしている宮本太郎氏が、最近「共生保障」という考えを展開しているので、そのエキスだけをごく簡単に紹介しておきたい。

宮本は、前述したギデンズ流の社会的投資国家や、ヨーロッパで平等の代わりに謳われている「社会的包摂（ソーシャル・インクルージョン）」という考えを発展させつつ、市民社会のイニシアティブによる「共生保障」の考えを次のように規定（定義）している[15]。

1　「支える側」を支え直す制度や政策
2　「支えられる側」に括られてきた人々の参加機会を広げ、社会につなげる制度と政策
3　就労や居住に関して、より多様な人々が参入できる新しい共生の場をつくり出す施策

紙数の関係上、これ以上立ち入って彼の所論を紹介できないが、そこには共生福祉をデモクラティック・サイエンスとして捉え実践する多くのヒントが含まれている。そのヒントを受けて、優生思想に対抗する共生福祉の制度設計や政策のあり方について考えをめぐらすことが今後のリアルな課題と言えよう。

3　「共生的な国際社会」のための哲学的基礎
——グローカルな意識とWA（和と輪）の精神

この節では、不安定なグローバル化の時代の中での「人と国際社会の共生」について考えてみたい[1]。

3.1　平和の条件としての文化多様性の相互理解

1946年に創設されたパリに本部を置くユネスコ（国連教育科学文化機構）は、その憲章の前文で、

「戦争は人の心の中で生まれるものであるから、人は心の中に平和の砦を築かなければならない。相互の風習と生活を知らないことは、人類の歴史を通して世界の諸人民の間に疑惑と不信を起こした永遠の原因であり、この疑惑と不信のために、諸人民の不一致があまりにしばしば戦争となった。——文化の広

い普及と正義・自由・平和の為の人類の教育とは、人間の尊厳に欠くことのできないものであり、かつ、すべての国民が相互の援助及び関心を持って、果たさなければならない神聖な義務である（三田ユネスコ協会訳）」

と宣言している。

この宣言の核心は、「世界平和が各個人の心の平和と切り離せない」ことと、「世界平和のために多様な文化間の相互理解」の教育が不可欠なことを謳っている点にある。

そのユネスコが、2001年11月、9.11事件の直後の総会で、グローバル化がアメリカなどの覇権国による文化の均質化をもたらさないように、「文化の多様性に関する世界宣言」を満場一致で採択した。その骨子は、「自然界に種の多様性が不可欠な如く、人間の生存のためには文化の多様性が不可欠である」という文言に象徴されており、「文化的な存在者としての他者」に対する認識を根本的に変えたことに注目すべきであろう。

この宣言に基づいて提案された「文化の多様性に関する条約（正確には文化的表現の多様性を保存し推進する条約）」に反対したのはアメリカであり、すべての専門家会議、政府代表会議に参加、市場原理を擁護するWTOと共に強烈な論戦を張ったことはもっと知られてよいだろう。しかし、「魂の領域に市場原理を認めず」と宣言するこの条約は、アメリカの激しい抵抗にも関わらず、2005年秋のユネスコ総会において圧倒的多数で可決された。反対票はアメリカ・イスラエルの２国のみであった。何かにつけ米国追従と批判される日本もこの時ばかりは賛成票を投じ、英国も賛成票を投じている[2]。

こうした動きとパラレルに、2005年11月16日、パリで開かれたユネスコ憲章採択60周年記念式典で、文化人類学者のクロード・レヴィ＝ストロース（1908－2009）が、当時97歳という高齢にもかかわらず、車椅子に座ったまま25分間の講演を行い、聴衆に大きな感銘を与えたことも記憶されるべきである。レヴィ＝ストロースは、1960年代、構造人類学の提唱者として、ヨーロッパを進んだ文明地域、それ以外を遅れた未開地域とみなす偏見を痛烈に批判し、未開と呼ばれる地域住民の間にも洗練された合理性が見られると主張して、一世を風靡した世界的学者で、親日家としても知られている。

その彼が講演で述べた最後のメッセージは、西欧の人文主義（humanism）の大きな誤りは、世界に存在する文化の多様性を無視し、自らを特権化した点にあること、文化の多様性と生物の多様性は同じではないけれども、有機的

に結ばれており、双方を保護していかなければならないこと、したがってこれからの世界で最も大切なのは、生物の多様性と同時に、文化の多様性を尊重し、その中に生きる人々に尊敬の念を抱くこと、などであった（服部英二『文明は虹の大河』麗澤大学出版会、2009年、349-358頁参照）。さらにこの講演で、彼は、近代の単線的な進歩史観を批判すると共に、未来の展望を欠く悲観的な文化相対主義を超える途として、18世紀に生きたイタリアの人文学者ヴィーコ（1668-1744）の「螺旋状的な展開史」観を、援用していた（上掲書356頁）。

他方、レヴィ＝ストロースと異なるアプローチを採る文化人類学者クリフォード・ギアツ（1926-2006）も、文化の多様性を擁護し、欧米中心主義的な知のあり方を批判することにかけては、歯に衣を着せぬ論客であった。彼は、人間を「自分自身が張り巡らした意味の網にかかっている動物」として捉え、その網を文化とみなす文化観を採っていた。さらに、ギアツは、「ローカル・ノレッジ（local knowledge）」というコンセプトを用いて、欧米の普遍主義的思考への対抗を試みている。これは、どのような社会の観察者や理解者も、ある特定の「居場所や状況」から社会を観察ないし理解しているという知識論に他ならない。この知識論からみれば、「どこでもない場所からの見方」という意味での普遍的な知識は、宙に浮いた空虚な知識とみなされる。そのローカル・ノレッジの前提の下に、網としての文化の複雑性、多様性、文脈性の意味を理解し、「厚く記述」していくことが文化人類学者の仕事だと、彼は語り続けていた[3]。

このようなギアツの文化論も、明らかに、欧米中心主義の「文明の進歩史」観からの脱却を強く唱えたものである。しかし、そういう彼が必ずしも文化相対主義者でなかった点にも、注意しなければならない。なぜなら彼は、多様な文化を解釈学的に厚く記述することによって、「人間の対話の世界（ユニバース）の拡大」をすることも、人類学の理念に掲げていたからである。多様性の擁護が転じて相互理解が不可能な「文化相対主義」に陥ることは、彼にとって避けるべき事態であった。「対話に基づく諸文化の相互理解」こそ必要だと彼は考えていたのである[4]。

さて、この2人の文化人類学者の見解が強調するように、グローバルなレベルでの対話的な相互了解によって、欧米中心的な文明の進歩史観を脱却しなければならない時代に突入したという自覚こそが、「人と国際社会の共生」の出発点とならなければならないだろう。実際に、国連経済社会理事会に属するユ

ネスコは、「万人に教育を」というスローガンを掲げ、戦争、貧困、人権弾圧に反対し、平和、福祉、人権などの「文化横断的な公共的価値」の世界への浸透を強く主張し、自然災禍の犠牲者たちへの公共的な援助を訴えている。文化の多様性の承認と同時に、そのような公共的価値の実現や公共的悪の除去、災禍からの復興も人類の大きな課題としているのである。それは各自の置かれた地域や現場に根差しつつ、全人類史的な展望の中で、戦争、人権弾圧、不正義などのグローバルな公共的悪や大災害という過去の「負の遺産」を乗り越え、平和や正義や基本的人権などの文化横断的な諸価値や人々の復興を実現するという「新たな未来」を共に創出していく考え方を要求していると言ってよい。

では次に、このユネスコの提案をさらに深める形で「人と国際社会の共生」を考えていこう。

3.2　グローカルな意識と教育

21世紀に入って、盛んにグローバル化という言葉が使われ、最近ではグローバル人材という言葉まで使われ始めた一方、他方では、そうした動きへの反動として排他的なナショナリズムの動きもあちこちで見られるようになった。確かに、グローバル化がアメリカ主導の世界経済の支配や多様な文化の均質化であるとすれば、これは嘆かわしいことであり、批判されなければならない。しかしそれが、常に外部に敵を作る傾向をもつ排他的なナショナリズムに陥るようなことがあってはならない。なぜなら、そういう状態では、「国際レベルでの共生社会」の実現はおぼつかないからである。筆者の考えでは、そういう現状を打破するために、「グローカル」という造語によって国際社会を考える発想が必要になる。その考えを少し説明してみよう。

そもそもローカル＝localという形容詞は、「田舎の」ではなく、「その地方に特有な」とか「一定の場所の」を意味している。またグローバルが「地球的な」を意味することは、広く知られている。そこでかねてから筆者は、この二つを組み合わせ、「それぞれの地域や現場に即しつつ地球的な」という意味の形容詞としてグローカルを用いている。

この点を学問的に基礎づけるならば、まず、英語のlocalが、「the place of activity（活動の場）」という意味を持つラテン語由来の英語の名詞locus（ローカス）から派生する形容詞であることに着目しなければならない。その上で、localの名詞形であるlocality（ローカリティ）に、各自が置かれた「地域性」

と「現場性」の双方の意味を付与し、(ちなみにCobuild英語辞典では、Local means exiting in or belonging to the area where you live, or to the area that you are talking aboutという説明がなされている)、そうした語義を踏まえつつ、「各自が置かれたそれぞれの地域や現場で地球的な諸問題（public issues）を考えたり実践する」ことがグローカルな発想なのである[5]。したがってそれは、論者が天空から見下ろすような観点ではなく、「特定の地域や現場に根差す人々の観点」を重視し、そのうえでグローバルな諸問題と取り組む意識として特徴づけられることになる。グローカルな意識によって、各自が生きる現場や地域の文化的伝統、歴史、自然環境というレベルでの多様性が尊重されつつ、福祉や人権や平和などの「文化横断的な公共的価値」に基づく「善き公正な諸社会」の論考が可能になる。

　日本に即して言えば、沖縄、広島、長崎などは、20世紀の戦争の悲惨さを「公共的に記憶」しつつ、平和を希求する「グローカルな現場や地域」として理解されなければならない。実際、毎年行われる式典（6月23日、8月6日、8月9日）は、グローカルな式典と言える。また、従来の陸中海岸国立公園に代わって最近設けられた三陸復興国立公園は、大津波で亡くなった多くの方々を追悼しつつ、自然の恵みと自然の脅威をともに学び考える「グローカルな地域・場」であり、メモリアル・パークとして理解されなければならない。

　そうしたグローカルな意識を身に付けるために、人々は、「多次元的で対話的で生成的な」観点で、自己と他者を理解する必要があると筆者は思う。

　「多次元的な自己理解」とは、自分は「ある国の一員」であると同時に、地球的な課題と取り組む「地球市民」でもあり、身近な地域の問題と取り組む「地域住民」でもあり、多様な「職場の一員」でもあるという形で多次元的に自己を理解することを意味している。たとえば「私は日本人でもあり、地球市民でもあり、横浜市民でもあり、介護士や教員でもある」というような自己理解である。そして「対話的な自己・他者理解」とは、国籍の如何を問わず、常に開かれた心で他者と対話し相補に理解し合うような自己を意味している。最後に、「生成的な自己理解」とは、自分の殻に閉じこもらず、様々な課題と取り組んだり、対話によって新しい「自分を作っていく」ような自己理解を意味している。

　このようなフレキシブルでダイナミックな自己理解と他者理解を育む国際教育は、ナショナリズムでもグローバリズムでもエスノセントリズム（自民族中

心主義）でもないような「グローカルな市民教育」と呼んでよいだろう。そしていま盛んに言われている「持続可能な開発目標、通称SDGs」もそうしたグローカルな市民教育の一環としてなされなければならないと筆者は考える[6]。

ちなみに、2015年2月に国連で採択されたSDGsは、2015年から2030年までに、貧困や飢餓、エネルギー、気候変動、平和的社会など、持続可能な開発のための諸目標を達成すべく世界中の人々が力を尽くすことを呼びかけており、その目標として下記の17が挙げられている。

1）貧困をなくそう　2）飢餓をゼロに　3）すべての人に保健と福祉を　4）質の高い教育をみんなに　5）ジェンダー平等を実現しよう　6）安全な水とトイレを世界中に　7）エネルギーをみんなに、そしてクリーンに　8）働きがいも経済成長も　9）産業と技術革新の基盤をつくろう　10）人や国の不平等をなくそう　11）住み続けられるまちづくりを　12）つくる責任つかう責任　13）気候変動に具体的な対策を　14）海の豊かさを守ろう　15）陸の豊かさも守ろう　16）平和と公正をすべての人に　17）パートナーシップで目標を達成しよう

これらそれぞれの目標を、日本というグローカルな場で、また各地域からのグローカルな発想で考え、多様なかたちで実践させる教育こそが「人と国際社会の共生」に貢献するであろう。

3.3　WA（和、輪）の精神
　　――ミクロの平和からマクロの平和まで

さて上述の目標の中でも、「人と国際社会」の共生にとって特に重要なのは「平和」だと言える。冷戦体制が終わった1990年代以降の歴史を振り返ってみても、湾岸戦争、旧ユーゴ（ボスニア・ヘルツェゴビナ）での内戦、コソボ紛争、アフガン戦争、そして最近のシリア内戦によって、非常に多くの犠牲者や難民が出た。また世界各地域で政情不安な毎日が続いている。そのような現状をみると、ユネスコ憲章の「戦争は人の心の中で生まれるものであるから、人は心の中に平和の砦を築かなければならない」というすばらしい言葉も空虚に響く。しかし微力とはいえ人々は共生的な国際社会の実現へ向けて努力しなければならないと著者は考える。

そして、そうした思いから筆者は、日本語の和と輪を意味する「WAの哲学」をユネスコ主催の哲学会議でグローバルな価値として発信してきているの

で、ここでそれを紹介したいと思う[7]。

アルファベットで表わされたWAは、何よりもWAR（戦争）との対比で考えられた「平和の和」と「連帯の輪」を意味する。しばしば混同されるが、「和」は「同」と同義ではない。そこで、人と国際社会の共生にとって重要な東洋のひとつの伝統的思想を引き合いに出してみよう。

第1節でも言及したように、『論語』（子路）の「君子は和して同ぜず、小人は同じて和せず」の中の「和して同ぜず」とは、意見が違う人も色々あるとしても、そういう中でも仲たがいせずに、意見の違いを認め合いながら協力し合う、という意味を持つ。これに対して、「同じて和せず」とは、表面的に「そうだ、そうだ」と互いに同意して合わせるようにしても、蔭では悪口を言い合い、足を引っ張り合っている状態を指す（『論語』金谷治訳注、1999年、265頁）。これを現代風に言いかえれば、本当の意味での「協調社会」というのは、同調社会ではなく、「一人一人の異なる意見を尊重する和」の社会だと言える。

また、同じ中国古典として有名な『春秋左氏伝』（昭公20）には、和は、色々な食材をうまく調和させてスープを作るようなもの、辛・酸・甘・鹹（塩辛い）・苦の5つの味を調えるように、異なるものを混じえて調和することであるのに対し、同はひとつの味だけを集めることだと記されている。また、為政者と臣下の関係も同じであり、為政者がそうだといえば、臣下もそうですねと同調し、為政者がだめと言えばそれに黙って従うと言うイエスマン的な態度が「同」であり、それに対して、もし為政者の考えが間違っていると思えば、臣下はそれを為政者に進言してそれを正しいものに変えることが「和」だと記されている。このような「和」の態度によって初めて、政治は平穏で礼儀に背かず、民に争奪の心がなくなるとされている（『春秋左氏伝下』小倉芳彦訳、岩波文庫、1989年、217-221頁）。

さらに春秋時代の国別の記録を集めた書である『国語』には、和が「物を生じ」「継ぐ」性質であるのに対し、同にはそのような性質がないと明記されている（『国語』大野俊、明徳出版社、1969年、214頁）。

筆者がこのような古い格言をここで引用するのは、どうしても同意できない意見の食い違いがあった場合、「和して同ぜず」の態度をとるのが、ミクロレベルでの人間関係だけではなく、メゾ・レベルでの組織社会でも、マクロ・レベルでの国際社会でも、共生の実現や保持のために望ましいと考えるからである。議論し合っても、合意に至らないことは多々あるが、そのような時に、互

いに違う意見を尊重し合いながら、自分がどうしても正しいと思う意見は軽々しく譲らないという態度が「和して同ぜず」の態度である。少し勇気がいるかもしれないが、そういう態度によってこそ、「国際平和の維持」も保たれるであろう。

　さて、中国の古典を引用するだけでは物足りないので、ここで日本語の特徴を活かすとすれば、「和」という漢字には、「和らぐ」「和らぎ」「和やか」「和む」という日本語の訓読みが存在する。そこでは「柔らかい」とか「柔和な」といったソフトな意味合いが入ってくる。おそらく、こういったニュアンスは中国思想における「和」には入っていないであろう。つまり、訓読みを通して見た日本語の「和」には、「心の平安」といったニュアンスが入っており、そこには、おそらく儒教だけでなく、仏教的な要素の影響があるのだと思われる。

　こうした日本的な「和」からは、優しさから出てくるような平和概念が考えられよう。すなわち、闘争的な平和運動ではなく、「柔和で和やかな平和の輪」という意味での「WA」に基づいた平和思想と平和のための「輪」の可能性が含意されている。そして、この「輪」が国境を越えて広がることが、21世紀の平和実現のために考えられていくべき理念だと筆者は考えている。

　したがって「WA」という概念は、まず東洋思想の伝統において、「同」と対比された、何よりも多様性を認め、発展を産み出して行くようなダイナミックな協調の原理を意味する。そして次に、日本の伝統において、非常にソフトでありながら、平和を目指して助け合いを行っていく平和で和やかな輪を意味する。こうした「WA」は、まさに西洋に対して、日本から発信し続けていくべき理念だと筆者は思う。

　ただし、ここで一点注意すべきは、それが個人やマイノリティ（少数者）の抑圧の正当化に加担しないように、WAは「社会的公正」の理念で補完ないし強化される必要があり、「社会的公正を求める人々の輪」も必要という認識である。また、さらにそれに付け加えるとすれば、「和解（reconciliation）」という理念であろう。和解と聞くと裁判の場面での意味がまず思い浮かぶかもしれないが、この場合の和解とは、互いに喧嘩した場合、その状態を続けるのではなく、何らかの調停を経て、互いに謝り許しあうこと、もしくは、加害者が正当な償いなどを経て謝罪をした場合に、被害者と仲直りするということを意味している。それは、決して簡単なことではないとはいえ、「関係修復的な正義（restorative justice）」とも呼ばれている共生的国際社会のために重要な概念

なのである⁽⁸⁾。

このようにいろいろな含みのある概念として「WA」を考えてみることで、「心の平和」と「社会の平和」が両立しうるものとなってくる。ともあれ重要なのは、「連帯のWA（和と輪）」が広がり、それによって、星槎の理念である「人を排除しない」「人を認める」「仲間を作る」ことが推進され、「人と国際社会の共生」が可能になることであろう。

3.4　グローバル市民社会とパブリック・ディプロマシーの意義

本書の大嶋英一論文が示すように、国際社会の共生を考えるにあたって、重要なプレイヤーないしアクターとして国が果たす役割は非常に大きい。この点は誰も否定できないであろう。しかしその認識の上で、政府以外の組織や運動が共生的な国際社会実現のために果たす役割を、最後に指摘しておこう⁽⁹⁾。

3.4.1　グローバル市民社会の概念

NGO（非政府組織）が政治を動かし始めた現代では、「グローバルな市民社会」という概念が台頭してきた。NGOは、当初、国連主催の会議ではオブザーバーとしてしか認められなかったが、現在は国連組織にとって不可欠のパートナーとなっている。たとえば、世界人権規約の「政治的―市民的」権利の保障を目指すアムネスティ・インターナショナルやヒューマン・ライツ・ウォッチ、世界人権規約の「経済的―社会的」権利の実現を目指すオックスファムやセーブ・ザ・チルドレン、「人間の安全保障」への寄与を目指す「国境なき医師団」などをはじめ、開発や環境に関する多くのNGOが国際世論に対して大きな影響力を持っていることは、不可逆的な歴史の趨勢と言えよう。

筆者の考えでは、グローバル市民社会はそうしたNGO以上のより広いコンセプトとして理解されるべきである。実際、このコンセプトを詳細に論じた政治学者ジョン・キーン（1949‒）は、グローバル市民社会を、「不安定な形で発展する未完成のダイナミックな制度・組織」とみなしつつ、その標識として「非政府的組織と活動」「社会の一形態」「シヴィリティ（他者、特に外国人に対する礼儀正しいふるまい）」「多元性と強い葛藤・対立をはらむもの」「地球規模であること」の五つを挙げている。彼によると、グローバル市民社会は、シヴィリティを有するという点でやくざや暴力組織と区別されるが、市場など「強い葛藤・対立をはらむ」という点でグローバル・コミュニティと区別され

なければならない。彼は、市場を市民社会から除外する見方を観念論的と批判し、相克・対立の要因としての市場をグローバル市民社会に含める見方を打ち出している（John Keane, Global Civil Society? Cambridge University Press, 2003, pp.8-23）。

　他方、ロンドン・スクール・オブ・エコノミックス（LSE）教授で『グローバル市民社会年報』の編集長であるメアリー・カルドー（1946-）は、グローバル市民社会を、平和や人間の安全保障をはじめ、「何らかのトランスナショナルな公共価値の実現に関して、公共的な提案、議論、合意がなされる場」と定義し、グローバル市民社会のアクターとして、NGOや社会運動、シンクタンクや国際的影響力をもつ委員会、インターネットを含んだメディアの3つに大別している。それらは、時には諸政府と対峙して、時には諸政府と協働して、トランスナショナルな価値を構築していくプロモーターの役割を担わなければならない[10]。

　もちろん、このようなグローバル市民社会のコンセプトに対して、種々の疑問の声が出ていることも否定できない。

　その第1は、グローバル市民社会が担う公共性のレジティマシー（正当性、正統性）に関するものである。国内の場合には、国民の選挙による承認ないし選択という形で政府のレジティマシーが得られ、国連（国家連合）の場合も安保理決議や各国政府の協議と合意という形でレジティマシーが得られるのに対し、グローバル市民社会の場合、その活動のレジティマシーは曖昧なままで、国際世論の承認を得るしか術はない。したがって、この問題は今後、グローバル・ガバナンスという大きな課題と言える。

　第2に、市場経済をグローバル市民社会の中に含めるか含めないかという争点が存在する。上述のキーンは市場経済を含めるという立場から、それを含めない市民社会論を非現実的（観念的）と批判しており、筆者はそうした考えに賛成したい。

　第3に、グローバル市民社会の大きなアクターであるNGO間の格差や市民社会の文化環境の違いの問題が浮上する。上に挙げたような世界規模での大きなNGOは、先進国中心に物事を捉えすぎるという批判が、アフリカなど発展途上国やイスラム圏のNGOからよく出されている。これに対しては、キーンもカルドーも、グローバル市民社会論がヨーロッパ中心主義に陥らないよう、イスラム都市に典型的にみられるように、それが諸文明に近代以前から存在し

ていた社会形態とみなしながら、平和、環境、多文化的共生などに関する「グローバル市民社会の倫理」を展開する必要性を説いており、カルドーはアラブの歴史学者イブン・ハルドゥーン（1332-1406）を、アダム・ファーガソンの先駆者と位置づけている（上掲書邦訳、207頁）。

3.4.2　パブリック・ディプロマシーの役割

　さて、NGOの運動とは別個に、これまで述べてきた話は、パブリック・ディプロマシー（民間外交）が持つソフトパワーとリンクさせ、それを涵養・強化するという課題へと発展させなければならない。そもそも外交は、政府や外交官のみが行うべき仕事ではない。民間の人々が主体となる「文化交流」も外交を動かす大きな力となりうることが最近よく強調され、それは、ソフトパワーともパブリック・ディプロマシーとも呼ばれている。ソフトパワーとは、軍事力などのハードパワーに対比される文化的交流を意味し、パブリック・ディプロマシーとは、政府間の外交とは別に、民間をも含めた形で広報や文化交流などを行い、外国市民へ直接働きかける外交手法を意味し、オフィシャル・ディプロマシー（政府間の公式外交）とは区別される概念である。

　パブリック・ディプロマシーの担い手は民間の人々であり、公開性と公正性を原則とし、相互の公共益を目標とするのに対し、オフィシャル・ディプロマシーのアクターは政府であり、機密性（非公開）と戦略性を原則とし、国益の追求が目標となる。国際関係という点でも、パブリック・ディプロマシーは、多国間協調主義（マルティラテラリズム）を原則とするのに対し、オフィシャル・ディプロマシーは二国間主義（バイラテラリズム）に傾きがちと言える。

　いずれにせよ、いま重要なのは、そのような特徴をもつパブリック・ディプロマシーを、先に述べた「グローカルな意識」と「WAの精神」によって活性化させ、オフィシャル・ディプロマシーを方位づけるような「ソフトパワー」を創出・発展させることであろう。そしてそれが、ヒロシマ、ナガサキを経験したこれからの日本のグローカルな役割であると筆者は強調したい。

　2016年5月に広島を訪れた当時のオバマ・アメリカ大統領は、広島と長崎を含む第2次世界大戦のすべての犠牲者らに哀悼の意を示すスピーチを行った。その中から重要な箇所を引用して、本節を締めくくりたい。

　「71年前の明るく晴れ渡った朝、空から死神が舞い降り、世界は一変しました。閃光と炎の壁がこの街を破壊し、人類が自らを破滅に導く手段を手にした

ことがはっきりと示されたのです。——私たちは、10万人を超える日本の男性、女性、そして子ども、数多くの朝鮮の人々、12人のアメリカ人捕虜を含む死者を悼むため、ここにやって来ました。彼らの魂が、私たちに語りかけています。彼らは、自分たちが一体何者なのか、そして自分たちがどうなったのかを振り返るため、内省するように求めています。——世界はこの広島によって一変しました。しかし今日、広島の子ども達は平和な日々を生きています。なんと貴重なことでしょうか。この生活は、守る価値があります。それを全ての子ども達に広げていく必要があります。この未来こそ、私たちが選択する未来です。未来において広島と長崎は、核戦争の夜明けではなく、私たちの道義的な目覚めの地として知られることでしょう。」（吉川慧訳 HUFFPOSTより引用）

この広島での演説の最後の部分、「——未来において広島と長崎は、核戦争の夜明けではなく、私たちの道義的な目覚めの地として知られることでしょう。」は、まさに「グローカルな場」として広島が位置づけられている。われわれは、まさにグローカルな意識とWAの精神で、共生的な国際社会の実現のための努力を続けて行かなければならないのである。

4 「共生のためのスポーツ」の公共哲学的考察

総論の最後として、本節では、公共哲学が共生のためのスポーツというテーマにどのように寄与するかを考えてみたい[1]。

4.1 公共心（パブリック・スピリッツ）とスポーツ

公共哲学の定義は論者によって微妙に異なるが、筆者は「より良き公正な社会を目指しながら、現下で起こっている公共的諸問題を市民とともに考える実践的学問」と定義し、さらに、本稿の第1節で論じたように、
1）国家や組織のために自己を犠牲にする「滅私奉公」的なライフスタイル
2）私というエゴのために他者や公共的ルールを無視する「滅公奉私ないし活私滅公」的なライフスタイル、の双方を批判しつつ、
3）私という個人一人一人を活かしながら、他者とのかかわりや公正さの感覚を開花させる「活私開公」というライフスタイル
4）私利私欲をなくして他者を手助けする「無私開公ないし滅私開公」というライフスタイルの双方を推奨するスタンス、を提唱している[2]。

第Ⅰ章　総論

　英語でいうパブリック・スピリッツは日本語での公共心に当たるだろうが、2）のライフスタイルが公共心を欠いていることは言うまでもない。そして全体主義国家と異なり、憲法13条で「諸個人の尊重」を謳う日本のような民主主義国家では、その公共心が1）のような「滅私奉公」ではなく、4）の「無私開公・滅私開公」や3）の「活私開公」のライフスタイルで発揮されてこそ意義を持つ、と筆者は考えている。

　他方、スポーツとは、ある事典によれば、ラテン語のdeportareに由来し、「本来、人間が楽しみとよりよき生のためにみずから求め自発的に行う身体活動であり、ルールを設けその中で自由な能力の発揮と挑戦を試み最善を尽くしてフェアプレーに終始することを目標にしている」（電子辞書ブリタニカ国際百科事典）と定義されている。

　そのような前提で考えれば、共生的な公共心を子どもたちに体得させるにあたって、スポーツほど便利なものはない。まず、スポーツが何よりも「人間が楽しみとよりよき生のためにみずから求め自発的に行う身体活動」、換言すれば古代ギリシャのスパルタ社会のような「滅私奉公」ではなく、「活私」のために存在することを体得させなければならない。その上で、ほとんどのスポーツにはすべての人が守らなければならない「公共的ルール」があり、それを遵守することと、スポーツマンシップとして「フェアプレー」の精神を体得させなければならない。また、審判のアンフェアなえこひいき（滅公奉私）はもとより、選手の八百長試合・無気力試合は厳禁であることや、最後まで全力を尽くすことと、勝者が敗者の健闘を称える公共心を体得させなければならない。

　さらに大人のスポーツチームにおいては、個人個人のプレイヤーが「無私開公」の精神でチーム全体に貢献することが要求され、それが個人個人のプレイヤーが活かされることに通じれば、「活私開公」のチームが誕生する。選手を育てるコーチには、「無私開公ないし滅私開公」の精神で選手一人一人に臨むことが要求されるだろうし、選手の能力を活かしチーム全体が活性化されれば、「活私開公」が実現し、コーチ自らもその喜びを分かつことによって「活私」を味わうことができるだろう。

　フェアな精神という意味での公共心は、単に選手だけに要求されるわけではない。それは、スポーツに関わる「選手以外の人々や諸組織」にも要求される公共的理念である。ここで、ローマオリンピックのボート競技エイトの金メダル保持者であるドイツの著名な社会哲学者ハンス・レンクの「スポーツにおけ

るフェアネス（公正さ）の黄金律」を簡単に紹介しておこう。
　彼は、競技のパートナーと敵の選手を同時に尊敬すること、勝者に対する過度の称賛を控え敗者を挫折者とみなさないこと、外部と上の者に対してフェアなのに下の者に対してアンフェアなダブルスタンダードはそれ自体アンフェアとして公に非難されるべきことなどを、選手やスポーツメディアや観衆に要求されるフェアな公共心と規定する。そしてその上で、審判や競技団体などのアンフェアな態度に異議を申し立てる仲裁裁判所や特別裁判制度がもっと強化されるべきこと、個人の倫理ではなく、競技団体や制度に関するスポーツ倫理がもっと発展させられるべきこと、ドーピング問題では選手のみならず関与したすべてのもの（マネージャー、医師、関連機関等々）が公正に処分されるべきこと、そのためにフェアな公共心をもったオンブズマンの制度を導入すること等々が、公共心に満ちた共生社会を実現するために不可欠としている[3]。
　このようにフェアな公共心という点で、公共哲学はスポーツ活動と関わることができるが、次に、今までのオリンピックの出来事の中でも、特に公共哲学にとって重要だと思われるいくつかの事例を取り上げてみよう。何故ならば、五輪憲章のオリンピズムの根本原則には、「スポーツをすることは人権の一つである。すべての個人はいかなる種類の差別を受けることなく、オリンピック精神に基づき、スポーツをする機会を与えなければならない。オリンピック精神においては友情、連帯、フェアプレーの精神とともに相互理解が求められる」と明記されているからである。

4.2　公共哲学が照らし出すオリンピックの出来事
4.2.1　人権の普遍性：
トミー・スミスとジョン・カーロス、そしてピーター・ノーマン
　公共哲学の観点から言って、1776年のアメリカの「バージニア州権利章典」と1789年のフランスの「人および市民の権利宣言」に遡る人権宣言は、その実、「白人と男性」に限定されたものであった[4]。その発祥の地アメリカでは、19世紀半ば過ぎにリンカーンによる「奴隷解放宣言」があったにせよ、第2次大戦後もとりわけ南部では公然とした黒人差別が行われていた。そのような差別をなくすべく、1960年代になって「万人に正義を！」をスローガンに掲げたマルチン・ルーサー・キング牧師主導の公民権運動が起こり、ベトナム戦争反対運動とともに合衆国を揺さぶった。

第Ⅰ章　総論

　そうした状況下で開かれた1968年メキシコ・オリンピックでのひとつの衝撃的な出来事を、当時大学生だった筆者は鮮明に覚えている。それは陸上競技200メートルの表彰台で起こった。アメリカの黒人選手で抜群のスピードで1位になったトミー・スミスと、終盤でオーストラリアのピーター・ノーマンに抜かれて3位になったジョン・カーロスが、アメリカ国歌が演奏され星条旗が掲揚される際に、壇上で首を垂れ、黒い手袋をはめた拳を高く突き上げるポーズをとったのである。このポーズは「ブラックパワー・サリュート」と呼ばれ、黒人公民権運動で用いられていた示威的行為であり、2人は黒人差別に抗議する意図で、示し合わせてこの行動に出たのである。同年すでに暗殺されていたキング牧師と親交のあったカーロスは、白人至上団体クー・クラックス・クランによってリンチを受けた黒人への哀悼を示すロザリオを身につけ、インテリ選手で後に大学教授になったスミスは、黒人の貧困を示すためにシューズを履かずソックスを履いていた。テレビの生放送を見ていた筆者はこの出来事に大きな衝撃を受けたが、案の定、当時のIOE会長だったブランデージ（後に取り上げる1936年のベルリン・オリンピックでヒットラーに媚びるなど悪名高かった人物！）は、これをオリンピックの政治的利用とみなし、両選手を大会から追放しメダルはく奪という措置を取った。しかしその後の競技の表彰台でも、彼らに賛同して同じような仕草をする黒人選手も出たのである。
　帰国後の両選手は様々な嫌がらせを受けることになったが、他方、彼らの取った行動に賛同する国内外の世論も多く、ついに2008年にはアメリカで、彼らのオリンピックでの破天荒な行動を勇気ある行動として称える賞が2人に授与され、今では、カリフォルニア州立大学サンホセ分校には、2人のポーズの銅像が人権のために戦った英雄として建てられるほどになったのである[5]。
　こうした評価の変化には、1970年代以降のアメリカでの人権意識の増大が如実に反映されていると言ってよい。公共哲学的に鑑みれば、「最大多数の最大幸福」を最大規範とする功利主義ではなく、すべての人間にとっての公共的価値である「基本的人権」に基づく『正義論』がジョン・ロールズによって1971年に刊行され、大きな影響を与えたことが特記されよう[6]。そして、当時は全く考えられなかった準黒人系のオバマ大統領が2008年に誕生した。
　ここで忘れてはならないのは、この出来事にもうひとつの重要な悲劇があり、それがインターネットなどで、最近多くの人に知られるようになったことである。それは、同じ競技で2位になったオーストラリアの白人選手のピーター・

ノーマンの話である。終盤の猛烈な追い上げでカーロスを抜き2位に入ったノーマンは、表彰台に上がる前にスミスとカーロスに「君は人権の普遍性を信じるか」「神を信じるか」と聞かれ、イエスと答えたばかりか、彼らを支持した「人権のためのオリンピック・プロジェクト」のバッチを付けて、2人の表彰台での抗議行動の支持を表明した。そのためにノーマンは、白豪主義が採られていた当時のオーストラリアでバッシングに合い、抜群の好成績を出したにもかかわらず、1972年ミュンヘン・オリンピックには意図的に選出されなかった。孤独のまま2006年に急逝した彼の葬儀では、スミスとカーロスがアメリカから出向いて棺を担ぎ、人種差別と闘った白人としてのノーマンの態度を称えた(7)。「人権という普遍的な公共的価値」によって初めて「人種を問わない共生社会」が実現しうることを、この出来事は象徴している。

　オーストラリア政府もようやく彼の死後2012年になって、1972年にノーマンをミュンヘン・オリンピックに代表として選ばなかったアンフェアな決定に対する謝罪を行った。公共哲学的にみれば、オーストラリアは1980年代にようやく白豪主義を脱し、「多文化主義」を国是と掲げる運動が政権に影響を及ぼすようになったとされているが(8)、ノーマンへの不正な仕打ちへの謝罪は、遅きに失したと言わなければならないだろう。

　では次に、そのオーストラリアがシドニー・オリンピックの開会式で見せた多文化主義的パフォーマンスに即する出来事を取り上げたい。

4.2.2　同化主義批判と多文化主義：
　　　　　ビリー・ミルズからキャシー・フリーマンへ

　話を1964年の東京オリンピックに遡らせよう。当時地方に住む高校1年生としてテレビ観戦に熱中した筆者にとって、特に印象深かったのは、陸上1万メートル決勝であった。新聞などによる事前の予想では、オーストラリアの白人選手ロン・クラークのほか、数名のメダル候補者が挙げられていたが、勝負が始まり最後の1周でトップに残ったのは、クラークの他は全く無名の2人、チュニジアのガムーディとアメリカのビリー・ミルズであった。最初にスパートをかけたクラークが逃げ切るかに見えたが、途中で2人を押しのけるような形でガムーディが抜き返し、そのままゴールするかと思いきや、最後の直線コースで外側から驚異的なラストスパートでミルズが両者を抜き去り、劇的勝利を収めたのである。それはおそらく今までのオリンピックで最も劇的な1

万メートルレースと言っても過言ではないだろう。

 しかし、公共哲学的に興味深いのは、ミルズがインディアン・スー族の出身で、徹底した白人の同化主義教育を受け、オリンピックで勝つまで様々な差別を受けてきたことである。当時のアメリカのインディアンは、白人の徹底的な同化主義政策によって、子どもは親元を離れた寄宿舎に入れられ、部族が信じていた宗教を放棄させられ、プロテスタント的な規律に基づく徹底的な同化教育を受けさせられていた。ミルズもその例にもれず、同化教育を受け、孤独にさいなまれる中で、陸上選手の才能を見いだされて開花し、差別を受けながらも予選を突破し東京オリンピックの代表となり、過去の記録から見て全く無視されていた下馬評を覆して金メダルを獲得するという大番狂わせを演じたのである。そのドラマは、『ロンリーウェイ』という映画にまでなっている[9]。

 手に汗握りながら、白熱した最後の1周をテレビ観戦した筆者は、ミルズの生い立ちを知るにつれ、インディアンの不当な差別に憤りを覚えるようになり、それまで見ていたジョン・ウェインなどが主演する西部劇を差別映画として一切見ないことを決めた。幸い、その後のアメリカでは上述のような公民権運動が起こり、1970年代を境にインディアンを悪役に仕立てる西部劇は一切作製しないようになったが、先住民への不当な差別と同化主義批判は、まさに公共哲学の今日的テーマである。

 たとえば、カナダの代表的な公共哲学者ウィル・キムリッカは、フランス革命以降の国民国家が均質な国民文化の創出を理想とすることによって、国内のマイノリティをマジョリティ文化に同化させたり、北米諸国やオーストラリアなどが原住民の文化を抑圧してきた近代国民国家の歴史を批判したり、国内の原住民や文化的マイノリティの「集団的権利」と、それに属する「個人の基本権」とを共に保障する政策によって、文化の多様性と文化横断的価値（＝人権）の両立を目指す公共哲学を1980年代後半から展開し、大きな影響を与えている[10]。そうした中にあって、オーストラリアでも前に触れたように、白豪主義を批判して多文化主義を国是とするような動きが1980年代あたりから台頭し、2000年のシドニー・オリンピックではそれを象徴する出来事が演出された。それは開会式での聖火点灯に先住民のアボリジニを出自とする陸上選手キャシー・フリーマンを選んだことである。

 アボリジニの子として生まれたフリーマンは、1869年から1969年までのオーストラリアの同化政策によって、親元から隔離され、自らの文化を否定させら

れるような教育を強制されたいわば「盗まれた世代（stolen generations）」の子どもであった。その彼女が、そうした過去を克服し、民族の共生を謳う多文化主義の象徴として、聖火の最終ランナーに選ばれたのである。その彼女は、400メートルで圧勝し金メダルを獲得した後、オーストラリア国旗とアボリジニの旗の二つを持ってウィニング・ランを行ったことも、多文化主義という共生社会を意図的に謳う行為であった(11)。

とはいえ、こうした行為に対し、オーストラリアの白人の間で反発の声が上がったことも忘れられてはならない。白豪主義も未だ根強く、そうしたイデオロギーに対して、普遍的公正さをもとめる公共哲学は、常に批判し続けなければならないだろう。

4.2.3 「似非の共生社会」の演出：1936年ベルリン・オリンピック

この小論で最後に取り上げたいオリンピックの出来事は、何と言っても1936年のベルリン・オリンピックである。人種差別主義者であったヒットラーは、もともと国際競技が嫌いであったが、ベルリンでのオリンピック開催は、彼が政権を掌握する1933年1月以前の1931年に決定されていた。そこで、他の政党を非合法化して政治犯を取り締り、アーリア神話を喧伝してユダヤ人への弾圧も始めていたヒットラーやナチの宣伝大臣ゲッベルスは、この期間だけユダヤ人への弾圧を止め、このオリンピックを徹底的に利用しようと企んだのである。その際、近代オリンピックの祖クーベルタンが重視していた平和な「フェアプレー」と「国際的な相互理解」の精神は傍らに置かれ、ドイツの国威発揚が偏重されたことは言うまでもない。

その模様は、歴史学者ラージの大著『ベルリン・オリンピック1936－ナチの競技』に詳しく描き出されている(12)が、公共哲学的観点からは、「似非の共生社会」が演じられ、他の国の著名人や政治家、ジャーナリズムがまんまとそれに欺かれたという事実を「公共的記憶」として留めておかなければならない。ユダヤ人などの弾圧に抗議しボイコット運動が起こっていたにもかかわらず、ブランデージなどの独断によって参加を決めたアメリカは、この大会で黒人選手ジェシー・オーエンスが4冠王（100m、200m、400mリレー、走り幅跳びの金メダリスト）になり大人気者になった。黒人が嫌いだったヒットラーは表面上、それを歓迎する素振りを取り、人種差別主義者の態度を極力抑え、共生社会を称える平和主義者という偽りの姿を、ジャーナリズムを通して世界中に

広めたのである(付言すれば、オーエンスも当時のアメリカでは疎外されていた)。そうした演出によって、各国の油断の種を播いた上で、ヒットラーはオリンピック終了後、共生社会とは真逆のユダヤ人狩りを本格的に遂行し、1939年9月にはポーランド侵略を行い、第2次世界大戦を勃発させた。

なお、話は変わるが、このベルリン・オリンピックでは、当時日本の統治下にあった朝鮮のマラソン選手孫基禎(ソン・ギジョン)が金メダルを獲得した際、『東亜日報』が彼の胸に貼り付けた日章旗を消した形で報道した出来事があり、新聞の責任者は投獄された。この出来事も残念ながら日本の同化主義が引き起こした悲しい出来事として記憶されなければならないだろう。

以上の出来事は、「国内の諸民族の共生」や「人種ないし民族(エスニシティ)を超えた公正さ」が主要な問題であったが、1972年のミュンヘン・オリンピックでのイスラエル選手団へのテロ事件、ソ連のアフガン侵略に抗議しての1980年モスクワ・オリンピックのアメリカや日本のボイコット、1984年のロサンジェルス・オリンピックへのソ連のボイコットなどは、むしろ「国と国の共生」の困難さを示すできごとであった。それに対し、リオ・オリンピックのマラソン競技で2位に入ったエチオピア選手がゴールの際に×印で自国の民族差別に抗議したように、「一国内での諸民族の共生」は、21世紀の今日においても依然として重要な課題であり続けている。いずれにせよ、19世紀末に始まった近代オリンピックは、共生社会の実現や困難さを表すパラメーターにもなりうると言ってよいだろう。

4.3 結びに代えて

今回は話をオリンピックに限定したが、サッカーのワールドカップもまた、共生社会という課題を考えるためのパラメーターを示している。それが象徴的に表れているのは、内乱後の旧ユーゴスラビア諸国、たとえばボスニア・ヘルツェゴビナ、コソボ、アルバニアなどの多民族的なチームづくりの努力であり、2015年ブラジル・ワールドカップの初戦で日本を破ったコートジボワールに見られるようなアフリカ各国でのサッカーを通しての諸民族の和解などの出来事である。本稿ではこのテーマに立ち入ることはできないが、公共哲学が照らしだすスポーツの出来事は、「人と人の共生」「国と国の共生」を考える上で、今後ますます重要になることであろうことを強調して締めくくりとしたい。

注

第1節

(1) 本節は、主に2008年に刊行後、中学、高校、大学の入試に数多く出題された拙著『社会とどうかかわるか―公共哲学からのヒント』（岩波ジュニア新書）をベースに記された
(2) 『広辞苑』岩波書店第6版
(3) 拙著『社会とどうかかわるか―公共哲学からのヒント』（岩波ジュニア新書、2008年）では滅私奉公（第1章）、滅公奉私（第2章）、活私開公（第3章〜第5章）を論じ、拙著『公共哲学からの応答―3.11の衝撃の後で』（筑摩選書、2011年）では、それに加えて滅私開公（第1章）を論じたが、本稿での「無私開公」は、滅私開公をよりマイルドにした表現であり、「滅私滅公」は、星槎大学教員免許状更新講習センター編『共生への学び』（ダイヤモンド社、2014年）224頁以下に所収された拙稿で初めて用いた表現である
(4) 以下に続く文章は、『社会とどうかかわるか―公共哲学からのヒント』（岩波ジュニア新書、2008年）の第1章から第3章までと部分的に重複している
(5) このメッセージは、特に『公共哲学からの応答―3.11の衝撃の後で』（筑摩選書、2011年）の第1章で強調した
(6) この節（1.2）は、『社会とどうかかわるか―公共哲学からのヒント』（岩波ジュニア新書、2008年）150-162頁と部分的に重複している
(7) この節（1.3）は、「高校での公民科目〈公共〉に対する公共哲学の寄与」というタイトルで、星槎大学『教職研究』（No.1、2017年）、117-123頁に既出されたものと同じ内容である
(8) 以下は、拙著『社会とどうかかわるか―公共哲学からのヒント』（岩波ジュニア新書、2008年）、83-90頁を教師向けに焼き直したものである
(9) 以下は、拙著『社会とどうかかわるか―公共哲学からのヒント』（岩波ジュニア新書、2008年）、129-131頁を教師向けに焼き直ししたものである
(10) 以下は、拙著『社会とどうかかわるか―公共哲学からのヒント』（岩波ジュニア新書、2008年）、131-133頁を教師向けに焼き直ししたものである
(11) 以下は、拙著『社会とどうかかわるか―公共哲学からのヒント』（岩波ジュニア新書、2008年）、142-144頁を教師向けに焼き直ししたものである
(12) マイケル・サンデル『ハーバード白熱教室講義録＋東大特別授業〔上・下〕』（ハヤカワ・ノンフィクション文庫、2012年）参照のこと

第2節

(1) 本節は、日本共生科学会編『共生科学』（Vol.9 June 2018年）の76-81頁に「共生思想VS優生思想―共生教育の哲学的基礎のために」というタイトルで発表した拙稿を出発点として記された
(2) カリクレスに関しては、プラトン、加来彰俊訳『ゴルギアス』（岩波文庫、1967年）を、プラトンの優生思想に関しては、プラトン、藤沢令夫訳『国家』（岩波文庫、1979年）を、参照のこと
(3) ゴルトンをはじめとする近代の優生学・優生思想の基礎知識に関しては、米本昌平、松原洋子、橳島次郎、市野川容孝『優生学と人間社会』（講談社現代新書、2000年）を参照のこと

(4) 加藤弘之『人権新説』日本の名著34（中公バックス、1984年）に所収を参照のこと
(5) 市野川容孝「福祉国家の優生学」『世界』（1999年5月号）167-176頁
(6) この件に関してたとえば『朝日新聞』2018年11月2日朝刊の1面と3面で取り上げられている
(7) 以下は、拙著『公共哲学とは何か』（ちくま新書、2004年）151-155頁、『社会思想を学ぶ』（ちくま新書、2010年）150-152頁で既述したものである
(8) この福祉論については、アンソニー・ギデンズ、佐和隆光訳『第三の道』（日本経済新聞社、1999年）186-197頁を参照のこと
(9) 以下は、筆者が書き下した『福祉国家、セン、公共哲学』（かわさき市民アカデミー出版、2005年）と、アマルテイア・セン、加藤幹夫訳『グローバリゼーションと人間の安全保障』（ちくま学芸文庫、2017年）の解題165-181頁で詳述したものの部分的なエキスである
(10) セン、石塚雅彦訳『経済開発と自由』（日本経済新聞社、1999年）309-312頁、325-343頁
(11) 筆者はすでに『公共哲学からの応答—3.11の衝撃の後で』（筑摩選書、2011年）40-42頁で、この点を指摘した
(12) 福田徳三『社会政策と階級闘争』（信山社、2015年）を参照のこと
(13) 福田徳三『復興経済の原理及若干問題』（信山社、2015年）を参照のこと
(14) このテーマを筆者はすでに「市民社会、政府、ガイダンス—公共哲学的考察」『経済社会学会年報』（Vol.39、2017年）5-13頁で論じた
(15) 宮本太郎『共生保障＜支え合いの戦略＞』（岩波新書、2017年）46-48頁

第3節

(1) 本節は、2010年刊行の拙著『社会思想史を学ぶ』（ちくま新書）第3章と第4章を基に記された
(2) この箇所は、長年ユネスコに勤められ、文明間対話の仕掛け人とも呼ばれる服部英二氏の報告に負っている
(3) ギアツ、吉田禎吾他訳『文化の解釈学Ⅰ、Ⅱ』（岩波書店、1978年）・梶原景昭他訳『ローカル・ノレッジ』（岩波書店、1999年）
(4) 以上の記述は、拙著『社会思想史を学ぶ』（ちくま新書、2010年）171-176頁と重複している
(5) 筆者はこの概念を、『公共哲学とは何か』（ちくま新書、2004年）第6章から、『グローカル公共哲学—活私開公のヴィジョンのために』（東京大学出版会、2008年）を経て、現在に至るまで、発展させながら用いている
(6) この点に関しては、山脇直司編『教養教育と統合知』（東京大学出版会、2018年）125-126頁でも強調した
(7) WAについての小論として、拙稿「平和な文明のための和の概念の更新」服部英二編『文化の多様性と通底の価値』（麗澤大学出版会、2008年）222-228頁を参照のこと
(8) 関係修復的正義をはじめ、正義概念の多様性については、『公共哲学からの応答—3.11の衝撃の後で』（筑摩選書、2011年）第4章173頁以下を参照のこと
(9) 以下は、拙著『社会思想史を学ぶ』（ちくま新書、2010年）161-164頁と重複している
(10) メアリー・カルドー、山本武彦、宮脇昇、野崎孝弘訳『「人間の安全保障」論』（法政大

学出版局、2011年）第1章、32頁以下参照

第4節
（1）本節は、既発表の拙稿「＜スポーツの公共哲学＞事始め―共生社会の視点から」（星槎大学紀要『共生科学研究』No.12 7~13）を若干加筆修正したものである
（2）拙著『公共哲学からの応答―3.11の衝撃の後で』（筑摩選書、2011年）43－47頁、拙稿「活私開公、グローカル、WA」星槎大学教員免許状更新講習センター編『共生への学び』（ダイヤモンド社、2014年）244－251頁
（3）Hans Lenk, "Erfolgreich und fair?"---Ethiches Verhalten im Sport: Wertkampf- Fairenness und strukturelle Dilenma-Situationen（成果と公正？：スポーツにおける倫理的態度）, in: Hans Lenk / Dietmar Schulte (Hrsg.) *Mythos Sport*, München:Wilhelm Fink 2012, 93-115.
（4）人権思想史に関しては、拙著『社会思想史を学ぶ』（ちくま新書、2010年）、153－157頁参照のこと
（5）この二人の黒人選手に関しては、Tommie Smith and David Steele, *Silent Gesture: The Autobiography of Tommie Smith*, Philadelphia: Temple University Press 2008 およびJohn Carlos and David Zirn, The John Carlos Story: *The Sports Moment That Changed the World*, Chicago and New York: Haymarket Books, 2013を参照のこと
（6）John Rawls, *A Theory of Justice*, Cambridge: Harvard University Press.1971.（ジョン・ロールズ、川本隆史・福間聡・神島裕子訳『正義論』〈紀伊國屋書店、2010年〉）
（7）ペーター・ノーマンに関しては、James Montague, CNN "The third man: The forgotten Black Power hero", http://edition.cnn.com/2012/04/24/sport/olympics-norman-black-power/ 参照のこと
（8）オーストラリアのアボリジニや多文化主義に関して、竹田いさみ・森健・永野隆行編『オーストラリア入門』第2版（東京大学出版会、2007年）63－98頁参照のこと
（9）この映画の脚本は、ヘンリー・ビーン、シャール・ヘンドリックス、本木英子訳『ロンリーウェイ』（集英社文庫）として1984年に翻訳刊行されている
（10）Will Kymlicka, *Multicultural Citizenship: A Liberal Theory of Minority Rights*, Oxford: Oxford University Press 1995（キムリッカ、角田猛之他訳『多文化時代の市民権』〈晃洋書房、1998年〉）
（11）フリーマンの自伝は、Cathy Freeman, *Born to Run Melbourne*, Austraria: Penguin Books 2007で読むことができる
（12）David Clay Large, *Nazi Games—The Olympics of 1936*, New York/London: W.W. Norton＆Company 2007（デイヴィッド・クレイ・ラージ、高橋進訳『ベルリン・オリンピック1936―ナチの競技』〈白水社、2008年〉）

第Ⅱ章

教 育

この章のガイダンス

　第Ⅰ章の総論で述べたように、共生のための教育は、共生という美名のもとに、個性を殺す画一的な教育や人権軽視の集団性を重んじる教育、差別や不平等に無関心な教育であってはならず、常に人権問題を意識し、生き生きとした関係性の下でなされなければならない。その前提の下、ここでは、まず西永堅が、誤解を生みがちなインクルーシブ（共生）教育という概念について、特別支援教育という観点から論じる。西永は、2006年12月に国連総会で採択された「障害のある人たちの権利条約」を紹介しつつ、障害がある子どもとない子どもが一緒に学ぶことではなく、障害がある子もない子も本人に合わせた教育を大事にするのがインクルーシブ教育の核心であると強調する。その上で、そのために必要な「合理的配慮」とは何か、「同じ」や「普通」「平等」ではなく、「違い」を認め、公平・公正な社会をめざすとはどういうことなのか、この点に関して日本での切実な課題は何かなどについて、具体例を挙げながら持論を展開している。これは、障害者の人権に基づいたインクルーシブ教育に関しての啓発的な論文と言えよう。

　続く手島純の論文は、教育活動に直接かかわる教職において、共生教育はどのような形で行われるのかについての知識を簡潔に述べており、現場で働く教員の方々、またこれから教職に就こうと思っている方々の良き手引きになるだろう。

　最後に天野一哉は、文部科学省の謳い文句になっている「主体的、対話的で、深い学び」と共生教育の関連について、読者に問いを投げかける形で論を進めている。あなたは共生教育のための「主体的対話的深い学び」をどう考えるのか、学習についてどう考えるのか、主体性についてどう考えるのか、対話についてどう考えるのか、そして共生についてどう考えるのか、と次々に投げかけられる問いと論に対して、読者の方々は自ら応える形で読んで頂きたく思う。

共生のためのインクルーシブ教育

西永　堅

1　インクルージョン、インクルーシブ教育って？

　星槎大学は、共生科学部という一学部の通信制大学です。今後、新しい学部や、新しい学びの形を提供するかもしれませんが、2004年の開学以来、星槎大学は共生を科学するひとつの学部として、共生科学の発展に寄与していこうとしています。この章では、その共生科学部の中においても、特別支援教育、インクルーシブ教育の観点から、共生科学を考えていきたいと思います。

　みなさんは、インクルージョン、インクルーシブ教育と聞くと、どのようなイメージをもつでしょうか？

　きっと、障害がある子どもとない子どもが一緒に学ぶことが、インクルージョン、インクルーシブ教育だと思われているのではないでしょうか？

　障害がある子が、その障害を理由に、地域の学校に行くことができなくて、遠く離れた学校に行かなければならないというのは、差別のように感じますし、理不尽のように思うかもしれません。

　インクルーシブ教育の日本や世界の流れを見てみますと、1994年スペインのサラマンカ市において、ユネスコとスペイン政府主催で「特別なニーズ教育に関する世界会議」が行われ、サラマンカ声明（国立特別支援教育研究総合研究所, 1994: http://www.nise.go.jp/blog/2000/05/b1_h060600_01.html）が出されたことから始まります。その声明では、Education For Allとして、「インクルージョン」「インクルーシブ教育」という用語が公式に使われました。

　しかしながら、星槎大学が2004年の開学を迎えたときには、インクルージョンならびにインクルージョン教育（インクルーシブ教育）という用語は、我が国ではほぼ浸透していなく、それどころか、山口薫初代学長がインクルージョンという言葉を用いたときには、インクルージョンという言葉を使わないで欲しいと要望があったぐらいでした。

　なぜインクルージョンという言葉を使わないで欲しいという要望があったのでしょうか？　我が国は1979年に養護学校の義務化を行い、障害がある子ども

においても、教育を受ける権利の擁護と、日本国民に、障害のあるなしにかかわらず、自分の子どもに教育を受けさせる義務が日本国憲法公布後30年以上経ってようやく認められるようになりました。それまでは、障害を理由として、就学義務猶予とか、就学義務免除と呼ばれ、日本国民には、自分の子女に教育を受けさせる義務が免除されていて、その子どもたちは、教育を受ける権利が認められなかったのです。そのような意味で、養護学校の義務化はとても大事なことになります。世界では、まだまだ、障害がある子どもの教育を受ける権利が、障害を理由に認められていない国がたくさんあるのです。その一方で、障害がある子どもは、その障害の種別によって、特別な場で本人に合った教育を受けなければならなくなりました。そして、もし自分の住む地域に盲・聾・養護学校がなければ、障害を理由に、たった6歳で親元を離れて寄宿舎などを利用しなければならないといった問題がありました。それに対して、障害がある子どもも障害がない子どもも同じ教室で一緒に学ぶことを目指す「統合教育（インテグレーション）」運動が行われるようになりました。

　あれから40年ほどたった現在においても、通常学級内に在籍している子どもたち全てに対して、一人ひとりの発達に適した教育を提供するシステムになりえていません。いままでは、障害がある子どもは特殊教育の対象であり、通常学級には障害がある子どもはいないとされていました。しかし、脳認知科学が発展し、知能検査の開発が進んだため、全体的には障害があるとは言えないが、部分的には認知発達が遅れている子どもたちの存在が明らかになってきました。そもそも子どもの発達は、年齢で決まるわけではないので、得意なことと苦手なことに差があるのは当たり前です。しかし、日本の教育は、年齢主義であり、年齢でカリキュラムが決まっているため、不登校の問題や通常学級に在籍するLD、ADHD、自閉スペクトラム症等の子どもたちのことが現在さまざまに指摘されています。

　そのような状況なのに、現在の通常学校や通常学級内で障害が重い子どもに対して、カリキュラムの抜本的な改革がない中で、適切な教育をはたして提供することができるでしょうか？　このような統合教育運動は、日本だけではなく、英国や米国などでも「ダンピング（無理やり押し込むこと）」としてその問題が指摘されています。そのような背景の中、インクルージョンやインクルージョン教育と「統合教育」の明確な違いが社会に理解されていないというのが、インクルージョンという用語を使わないで欲しいという要望の理由だっ

たのかもしれません。

　しかし、2006年12月に国連総会で採択された、「障害者の権利に関する条約」において、インクルーシブ教育は明記されていて、2007年に日本政府は署名をし、2014年に批准となりました。そのなかで、インクルーシブ教育という用語は我が国においても広がってきました。インクルーシブ教育は、障害がある子どもとない子どもが同じ教室で学ぶという統合教育ではなく、また、従来の特殊教育を中心とした障害種別ごとに分かれて学ぶ分離教育でもない第三の路だと考えられています。しかし、それらが正しく理解されておらず、立場によって、インクルーシブ教育は、統合教育と同様に捉える人たちと、障害種別に特別な教育をすることがインクルーシブ教育と考える人たちと、捉え方がさまざまになってしまっているのが現状なのです。

2　障害のある人たちの権利条約

　インクルージョン、インクルージョン教育、インクルーシブ教育は、障害がある子どもとない子どもがただ「共に学ぶこと」を意味するのではありません。「共に学ぶこと」とは、障害のある人たちの権利条約（障害者の権利に関する条約）（外務省, 2014）にも記載されていません。障害のある人たちの権利条約では、「障害者が障害に基づいて一般的な教育制度から排除されないこと及び障害のある児童が障害に基づいて無償のかつ義務的な初等教育から又は中等教育から排除されないこと。(Persons with disabilities are not excluded from the general education system on the basis of disability, and that children with disabilities are not excluded from free and compulsory primary education, or from secondary education, on the basis of disability;)」「障害者が、他の者との平等を基礎として、自己の生活する地域社会において、障害者を包容し、質が高く、かつ、無償の初等教育を享受することができること及び中等教育を享受することができること。(Persons with disabilities can access an inclusive, quality and free primary education and secondary education on an equal basis with others in the communities in which they live)」と書かれています。この「一般的な教育制度」は、通常学級における教育のことを指すと指摘する人たちもいますが、「一般的な教育制度」は、英文条約では"General Education System"となっており、日本政府は、特別支援学校における教育

も含むと条約の交渉過程において共有されていると解釈しています（文部科学省, 2010: http://www.mext.go.jp/b_menu/shingi/chukyo/chukyo3/044/attach/1298633.htm）。また、英文のインクルーシブというのは、政府訳では「障害者を包容する教育」と訳されていますが、けっして、特別支援学校における教育は「インクルーシブ教育ではない」というわけではないということは重要になると思います。

　その理由として、障害のある人たちの権利条約には、視覚障害や聴覚障害がある子どもたちに対して、「(a) 点字、代替的な文字、意思疎通の補助的及び代替的な形態、手段及び様式並びに定位及び移動のための技能の習得並びに障害者相互による支援及び助言を容易にすること。(b) 手話の習得及び聾社会の言語的な同一性の促進を容易にすること。(c) 盲人、聾者又は盲聾者（特に盲人、聾者又は盲聾者である児童）の教育が、その個人にとって最も適当な言語並びに意思疎通の形態及び手段で、かつ、学問的及び社会的な発達を最大にする環境において行われることを確保すること。」と明記されており、ニーズに合わせた教育が重要であり、それがインクルーシブ教育であると考えられます。

　この障害のある人たちの権利条約第二十四条「教育」の冒頭部分では、「1　締約国は、教育についての障害者の権利を認める。締約国は、この権利を差別なしに、かつ、機会の均等を基礎として実現するため、障害者を包容するあらゆる段階の教育制度及び生涯学習を確保する。当該教育制度及び生涯学習は、次のことを目的とする。

　(a) 人間の潜在能力並びに尊厳及び自己の価値についての意識を十分に発達させ、並びに人権、基本的自由及び人間の多様性の尊重を強化すること。

　(b) 障害者が、その人格、才能及び創造力並びに精神的及び身体的な能力をその可能な最大限度まで発達させること。

　(c) 障害者が自由な社会に効果的に参加することを可能とすること。」

とあり、「人間の潜在能力並びに尊厳及び自己の価値についての意識を十分に発達させ」ることがはじめに来ており、「人格、才能及び創造力並びに精神的及び身体的な能力をその可能な最大限度まで発達させる」とあるように、ただ一緒にいればいいのではなく、しっかりとその子どもに合わせた教育こそが最重要だと考えられます。そして、障害を理由に適切な教育が受けられないことこそがむしろ最大の人権侵害であると指摘できます。それは、障害があるな

第Ⅱ章 教育

しにかかわらず、適切な配慮がなく、同じ教育を受けることも同様に人権侵害であると考えられます。

インクルーシブ教育が、ただ障害がある子どもとない子どもが一緒に学ぶことではなく、本人に合わせた教育をすることを大事にしているというのは、前述したサラマンカ声明においても同様に考えられています。「すべての子どもは誰であれ、教育を受ける基本的権利をもち、また、受容できる学習レベルに到達し、かつ維持する機会が与えられなければならず」とあるように、障害のあるなしに関わらず、すべての子どもが、「受容できる学習レベルに到達し、かつ維持する機会」が与えられるのがインクルージョンであり、インクルーシブ教育なのです。ただ一緒にいればいいわけではないのです。

そして、国際連合の2030年に向けた「持続可能な開発目標（SDGs）」（外務省, 2015: https://www.mofa.go.jp/mofaj/gaiko/oda/about/doukou/page23_000779.html）では、「目標4：教育　すべての人に包摂的かつ公正な質の高い教育を確保し、生涯学習の機会を促進する。」（Ensure inclusive and equitable quality education and promote lifelong learning opportunities for all）においても、ただ障害がある子どもを包摂（インクルード）するのではなく、公正な質の高い教育を確保することが重要であるとされています。

つまり、従来の統合教育は、場の統合を第一にしていましたが、インクルージョンや、インクルーシブ教育は、障害があるなしに関わらず、質の担保が第一であるということが、最大の違いと言えましょう。一方、そのような意味で、従来の特殊教育は、一見質は担保しているように思われますが、地域社会から離れて教育を受けていても、卒業後地域で生活をする際に、不適応を起こしてしまうことがよく指摘されており、質の担保の問題が同様に指摘できるのです。地域の通常学校にアクセスすることは、公正な質の高い教育を担保するひとつの手段になると考えられます。

3　合理的配慮

障害のある人たちの権利条約においては、インクルージョンをすすめていくために、合理的配慮についても言及されています。「『合理的配慮』とは、障害者が他の者との平等を基礎として全ての人権及び基本的自由を享有し、又は行使することを確保するための必要かつ適当な変更及び調整であって、特定の

場合において必要とされるものであり、かつ、均衡を失した又は過度の負担を課さないものをいう。」("Reasonable accommodation" means necessary and appropriate modification and adjustments not imposing a disproportionate or undue burden, where needed in a particular case, to ensure to persons with disabilities the enjoyment or exercise on an equal basis with others of all human rights and fundamental freedoms;) 日本政府訳は、長いので少々わかりにくいかもしれません。「合理的配慮とは、不均衡もしくは過度の負担を課さない、必要で適切な変更と調整のことを意味します。それは、特定の場面において、障害のある人たちがその他の人たちの人権や基本的な自由に関する平等を元に、享有したり、行使したりするものです。」(著者訳) の方がわかりやすいかもしれません。そして、この合理的配慮は、教育において、「個人に必要とされる合理的配慮が提供されること。」(Reasonable accommodation of the individual's requirements is provided;) が確保されることが書かれています。これも、適切な訳ではないのではないかと思うのですが、「個人に必要とされる合理的配慮」ではなく、「個人が必要としていることへの合理的配慮」が個人に提供されることが必要であり、合理的配慮は、個人に対して行われるのではなく、ニーズに対して行われるものと理解していただくほうがわかりやすいように思います。

　また、「『障害に基づく差別』とは、障害に基づくあらゆる区別、排除又は制限であって、政治的、経済的、社会的、文化的、市民的その他のあらゆる分野において、他の者との平等を基礎として全ての人権及び基本的自由を認識し、享有し、又は行使することを害し、又は妨げる目的又は効果を有するものをいう。障害に基づく差別には、あらゆる形態の差別(合理的配慮の否定を含む。)を含む。」("Discrimination on the basis of disability" means any distinction, exclusion or restriction on the basis of disability which has the purpose or effect of impairing or nullifying the recognition, enjoyment or exercise, on an equal basis with others, of all human rights and fundamental freedoms in the political, economic, social, cultural, civil or any other field. It includes all forms of discrimination, including denial of reasonable accommodation;) とあり、合理的配慮の不提供は差別にあたるとされたのもインクルージョンにおいて重要な概念となります。

　インクルーシブ教育の最大の理想は、地域の通常学校で、特別支援学校以上

の質の高い教育が提供されることだと考えられます。しかし、まず、現実的に、通常学級、通級指導教室、特別支援学級、特別支援学校など多様な学びの場の整備を行い、障害のあるなしに関わらず、一人ひとりの教育ニーズに合わせた教育システムを改善し、従来の通常教育システムと特別支援教育システムをインクルードしていく、インクルーシブ教育システムの構築こそが本来のインクルージョンへの路になるのではないでしょうか？

4 「同じ」や「普通」、「平等」ではなく、「違い」を認め、公平・公正な社会をめざす

　インクルーシブ教育とは、障害のあるなしで、人を区別するのをやめようという考え方であり、障害を理由に、適切な教育を受けられないことは人権の侵害であり、障害のあるなしで、適切な教育を受ける権利が侵されることをやめようとする考え方です。統合教育運動が批判されたのは、障害がある子どももない子どもも同じ教室で学ぶことが第一になってしまったからなのではないでしょうか？　そもそも、人間の発達には個人差があります。背の高さを見ても、小学校2年生で3年生より高い子がいますし、小学校1年生より低い子もいます。そもそも人間の発達には個人差があるのですから、脳の機能の発達である認知発達に個人差があるのは当たり前です。小学校1年生に6年生の漢字を教えても、ほとんどの子どもが書けないかもしれません。それと同じように小学校1年生の子どもに1年生の漢字を教えても書けない子がいてもおかしくはないということです。みんなが同じ教室で学ぶことが人権なのでしょうか？

　もともとは、性別によって、学ぶ機会が均等ではない時代がありました。女子の中等教育、高等教育の進学率の問題は、けっして過去の問題ではなく、女性だから短大でいい、男性だから4年制大学へ進学させたいという話は、経済的な理由があるかもしれませんが、たびたび聞かれる話だと思います。また、その一方で、特に文系の大学院進学を検討する場合、男性は学部卒業後にすぐ就職してほしいと考えるご両親も少なくはないという問題もあります。学びたいからこそ学べるという環境が必要であり、それに男性、女性などの性は関係ないはずなのですが、性別によって進路が限定されてしまうのは、性差別の問題とも考えられます。そして、インクルーシブ教育は、ともに学ぶことを意味するのであるから、男子校、女子校は、差別的であり、インクルーシブ教育と

はかけ離れているのかといえば、女子校、女子大の役割は、むしろ女性の進学率を上げた要因もあるので、一概には性差別とは言えない問題だと思います。

　障害のあるなしで人を区別するのをやめるのであれば、みんなが同じ教室で学ぶべきだという考え方があります。しかし、カレーが好きか、スパゲッティーが好きか、ハンバーガーが好きか、寿司が好きかで、みんなそれぞれ好きなものは違います。みんながカレーを食べれば平等な社会なのでしょうか？　それが、公平な社会なのでしょうか？　それぞれ好きなものが違うのが当たり前ですし、違うことをおかしいと思うことがむしろ誤りであると考えるのがインクルージョンの根本にあるのです。それゆえ、「みんなが同じ」ではなく、「みんな違ってみんないい」と言われるゆえんになります。

　「持続可能な開発目標」においても、平等（equality）な社会ではなく、公平・公正（equity）な社会を目指すとされています。「普通」とは何でしょうか？　「普通」を目指すことが正しいのでしょうか？　「ノーマライゼーション」という思想があります。この思想が果たした役割はとても大きく、否定されるものではないと思います。そして、ノーマライゼーションはけっして障害がある人たちをノーマル（普通）にすることではなく、障害がある人たちも普通の社会の一員となることが目指されてきました。しかし、結果的に、施設で暮らすこと、特別支援学校に通学することが「普通」ではないこととされ、施設で暮らすことや、特別支援学校がスティグマ（烙印づけ）になってしまいました。個人のニーズの違いによって、昔よりも通常学校での学びが必要な人は多くいます。その一方で、やはり特別支援学校での学びが必要な子どもたちも多くいます。正しいか正しくないかは、人によって異なるのです。したがって、インクルージョンはノーマライゼーションではありません。

　同じようにバリアフリーという考え方と、障害のあるなし、国籍、性別などの違いを超えて、誰でも使いやすいデザインを目指すユニバーサルデザインという考え方は、根本は異なるものです。バリアフリーは、社会的弱者に対する障壁をなくしていこうとする考え方です。とても大事な観点ではありますが、社会的弱者は誰なのでしょうか？　障害がある人たちは弱者なのでしょうか？　女性や高齢者、外国人は弱者なのでしょうか？　この章を読んでいる読者は弱者ですか？　強者ですか？　強者には支援をしなくてもいいのでしょうか？　違いを認めるということは、強者と弱者を区別することかもしれません。したがって、初期の人権思想は、強者と弱者がない平等を目指していたのかもしれ

ません。しかし、たとえば、知能指数（IQ）や、学力の偏差値、所得や資産の金銭的価値など、特定の尺度で測ろうとするから、現在のような弱者と強者がある格差社会と指摘されるのであると思います。そうであれば、違いを認め、かつ、人の評価が多面的にできるようになればいいのではないでしょうか？

5　相利共生を目指して

　共生も、ただ、共に生きるだけを意味しているのではありません。生物学の共生には、相利共生、片利共生があり、寄生は共生か否かという議論などがありますが、共生科学や、共生教育においては、障害があるなしにかかわらず、性別、人種、国籍、年齢、社会的ステータスの違いにも関わらず、「みんな違ってみんないい」をめざし、合理的に、教育的に、「相利共生」を追求することにあると私は考えています。

　人間と大腸菌の共生を考えてみましょう。一見人間と大腸菌には、力関係があるように思います。大腸菌は人間がいなければ生存ができないように思うかもしれません。しかし、人間も、大腸菌がいなければ生存していけないのです。したがって、弱者・強者でなく人間と大腸菌は相利共生の関係と言えるのです。

　私の専門は、障害がある子どもとその家族の早期支援です。そのため、新型出生前診断の対象となっているダウン症の子どもやダウン症の成人の人、またその家族と出会う機会が多くあります。我が国において人工妊娠中絶は、母体保護法という法律があるように、母体の権利であると考えられるため、障害があるなしに関わらず、他人の権利に対して批判することは適切ではないと思います。障害があるから人工妊娠中絶をしなければならないというのもおかしいと思いますし、障害があるから産まなければならないというのもおかしいからです。

　しかし、その一方で、科学技術の進歩を理由にするとはいえ、なぜ特定の疾患や障害だけが、治療をその目的にするのではなく、出生前に生命の選別が行われるのでしょうか？　それは、障害を理由とする差別ではないのでしょうか？　もし、これが認められるのであれば、社会のリソースは、あらゆる障害が出生前にわかる研究に注がれることが予想されます。優生保護法による不妊手術によって人権を侵害された方たちへの裁判ならびに救済が行われようとしているのに対して、その一方で、ダウン症を対象とする出生前診断が行われて

いるという現状は、また、数十年後に裁判が行われることも考えられ、何十年も先を見越して、継続できる政策をめざす持続可能性の観点からも妥当性があるのかという疑問が残ります。

　そもそも、ダウン症は弱者と決めつけている発想が根底にあるのだと思います。確かにダウン症の場合は、筋緊張が弱かったり、知的発達がゆっくりだったりするかもしれません。しかし、ダウン症の人の中でも、自立して生活していたり、大学で学んでいたり、自動車免許を取得したりしている人もいます。「ダウン症だから」という決めつけを行ってしまう認知が、障害者だから、女性だから、男性だから、外国人だからという種々の差別問題と同様であり、個人の多様性を認めておらず、属性で判断してしまうことに問題があるのではないでしょうか？

　私は、ダウン症がある人たちと活動する中で、もちろん私が支援することもありますが、ダウン症の方から支援をされたり、さまざまなことを学ぶことも多くあります。これはダウン症には全く限らないのですが、子どもを支援することがあれば、子どもから支援を受けることもあり、赤ちゃんから教わることもたくさんあると思います。また、国同士の関係も、常に先進国が発展途上国に対して支援の提供者かと言えば、そんなことはまったくなく、発展途上国から学ぶことは数多くあり、支援を受けることも多くあります。つまり、強者、弱者、支援者、非支援者という、固定化した考え方からの脱却が、共生であり、インクルーシブな考え方であると言えるのではないでしょうか？　そうすれば、ダウン症の出生前診断の倫理的問題に関しても、障害を理由とする差別が禁止された現代において学べる機会になるのではないかと思います。

6　ピープル・ファーストとは

　1974年にアメリカ合衆国オレゴン州で知的障害がある人たちの当事者活動と呼ばれるセルフアドボカシー会議が行われました。それまで、知的障害のある人のことを"retarded（遅滞）"とか、"handicapped（ハンディキャップ）"と呼ばれていたことに対して、参加者のひとりが、"I want to be treated like a person first."『私は、まず人間としてみなして欲しい』と述べたことから、ピープル・ファースト活動が全世界で始まったそうです（https://www.peoplefirst.org/参照）。

現在英語では、障害がある人たちを、"disabled person""handicapped children"と状態を先に出して限定された人間として呼ぶのではなく、"person with disability"や、"person with special needs"と、まず"人"が先で、その後、特徴を付随して呼ぶようになっています。

これらの意味を含んでピープル・ファーストについて日本語に上手に訳すのはとても難しいのですが、「障害者」という人間が健常者と別に存在しているわけではなく、同じ人間であるけれども、たまたま「障害」といった「状態」があるだけという表現で、日本でも「障害者」よりも、「障害のある人」という表現が増えてきていると思います。したがって、前述した政府訳の障害者権利条約も、"Convention on the Rights of Persons with Disabilities"ですから、「障害のある人たちの権利条約」の方が適切ではないでしょうか？

そして、健常者と障害者、ノーマルとアブノーマル、男性と女性、白人と有色人種、若者と高齢者、富裕層と貧困層、弱者と強者など、極論的な二元論から卒業していかなければならないのではないでしょうか？　男性・女性の前にひとりの人間でありますし、白人・有色人種の前にひとりの人間なのです。

世界保健機関（WHO）が1981年に国際障害分類（ICIDH）というものを出しました。日本語では、障害をひとつの言葉で表していますが、英語では障害を表す語が複数あります。そこでICIDHでは、Impairment（器質障害：著者訳）→ Disability（能力困難：著者訳）→ Handicap（社会的不利）という３つの次元で障害問題を捉えようとしました。例えば足を切断した場合、それは現在の医療でも治療は困難なため、Impairmentとなります。その結果、歩けなくなる（Disability）という能力の困難が生じ、結果として通学が困難になったり、就労に困難が生じるなど（Handicap）となります。これらに対する専門家も異なっており、Impairmentに対する専門家は医師であり、Disabilityに対する専門家は、PT、OT、STなどのリハビリの専門家だったり、特別支援教育の教員だったりします。そして、Handicapに関しては社会福祉の専門家が担当したりします。このようにICIDHの考え方は、障害がある人たちの諸問題に対して大きな影響を与えました。

その20年後、ICIDHの見直しが計画され、初期はICIDH2と呼ばれていたのですが、2001年にICF（国際生活機能分類）というモデルに変わりました。その変更点の特徴は、Impairment、Disability、Handicapという、障害がある人たちの用語を、障害のあるなしにかかわらず適用できるようにポジティブな用

語にした部分にあります。ICFのモデルは、Body function & structure（心身機能・身体構造）⇔ Activity（活動）⇔ Participation（参加）となりました（⇔は、双方向を意味します）。このポジティブな言葉にすると何が変わるのかといえば、ICIDHは、障害がある人たちのモデルだったのですが、ICFは、障害のあるなしに関わらず、すべての人に当てはまるユニバーサルデザインモデルになったのです。例えば、妊娠をするというのは、疾病でも障害でもないのですが、妊娠をすれば心身機能や身体構造に変化が起こりますし、活動に制限もかかり、社会参加にも制限がかかります。妊娠された方は障害者ではないですが、支援の対象者になるという考え方なのです。従来の障害のあるなしの二元論のモデルでは、まず障害があるかないかの同定が重要事項になってしまうのです。

　現在の日本の特別支援教育の制度においても、支援の対象が障害がある幼児、児童、生徒になっているため、この制度を用いるためには、保護者や本人が障害を認めなければならないのです。そして、よく指摘されるのは、親の障害受容に問題があると言われたりしているのです。しかし、障害の受容は、障害がない人が想像できるほど容易なものではありません。6歳児に行われる就学支援委員会においても、教育委員会と保護者との間で意見の相違が見られることはよくあることなのです。障害の受容を強いることが本当に合理的なことなのかという問題は検討されていかなければならないと思います。

　しかし、ユニバーサルデザインのモデルや、ICFのモデル、インクルージョンのモデル、ピープル・ファーストのモデルでは、まずその子どもに障害があるかどうかは二の次であり、今の子どものニーズは何なのか？　今できうる支援は何なのか？　が重要になります。これらの概念においては、健常者が障害者を支えなければならないという発想ではないので、ニーズに応じて、障害がある人が障害がない人を支援することも多くあると思いますし、障害がなくても、例えば、障害がある子どものきょうだいや両親自身には障害がなくても、障害がある子どもを育てるというニーズがあるならば、支援の対象になるという考え方になります。確かに社会福祉においては、財政的な問題があり、障害がある人を限定したほうが、予算の配分がうまくいくと考えられるかもしれません。しかし、サラマンカ声明には、インクルージョンは、費用対効果が高いと書かれています。持続可能な社会を作るためにも、経済的合理性の考え方は重要です。だからこそ、弱者・強者、障害者・健常者という二元論のシステム

第Ⅱ章　教育

を作るのではなく、障害のあるなしに関わらず、それぞれが能力に応じて社会参加、社会貢献できる社会システムが重要であり、それが共生社会なのではないでしょうか？

7　まとめ：これからのインクルーシブ教育・共生教育について

　この章では、インクルージョン、インクルーシブ教育について述べてきました。インクルーシブ教育とは、けっして障害がある子どもとない子どもが一緒に学ぶことではなく、障害があるなしに関わらず、人間は一人ひとり違うので、そのニーズに応え、一人ひとりの発達を合理的に促していく教育システムのことです。特別支援学校だけではなく、地域の学校で、地域の人たちと学ぶニーズは、卒業後地域で暮らしていくためには大きなニーズであると考えられます。しかし、日本の教育においては、交流学級、共同学習も同年齢の学年がベースになっているため、ニーズのある子どもはお世話される係に固定化されてしまうことが問題になります。ヴィゴツキーが指摘する「最近接発達の領域」の理論から考えれば、同程度の発達の集団の方が、真似をしたり、真似をされたりすることで合理的に学ぶと考えられるのですが、それが年齢をベースにしてしまうことで、より個人差が広がってしまうことが考えられます。年齢で発達が決まっていないことは、身長の発達を見れば明らかです。学習障害があると言われる子どもは、教科によって、発達差があるので、日本のように、年齢でカリキュラムが決まってしまうと、無理なことを強いることになり、その結果、学校が辛い場所となり、不登校などの二次的障害が指摘されたりするのです。
　障害がある子どもとない子どもが分けられて学ばなければならないというのは、かならずしも合理性があるとは言えません。障害があるなしに関わらず、学ぶニーズが同じであればわざわざ分ける必要はないからです。しかし、我が国では、年齢主義があまりにも強すぎるので、年齢が同じだから、同じことを学ばなければならないというのは、個人の発達を無視した人権の侵害にあたるのではないでしょうか？
　今後人類は、我が国だけではないのですが、年齢に対する固定概念へのチャレンジが始まります。定年制度が年齢で決まっているのも、必ずしも合理的ではないのかもしれません。わが星槎大学の学生には、さまざまな年代の人がいます。それは、通信制大学の特徴かもしれません。我々は大学生は18から22歳

までという発想を超えていかなければなりません。みんなが同じことをめざすのではなく、違いを認められる社会が大事なので、年齢という価値概念を変えていく必要があると思います。障害があるから支援される、弱者だから支援されるという二元論から卒業できれば、今後新たに発見されるであろう学習ニーズ、たとえば、LGBTの課題、外国をルーツにする児童生徒の課題、経済格差における学習ニーズの課題にも対応できるようになるのではないでしょうか？英語が教科化されれば、その得意、不得意によって、英語障害という言葉が作られるかもしれませんし、音楽の得意苦手、美術の得意苦手も、標準化アセスメントを作成すれば、その分野にも障害を設定することは可能なのです。

　だからこそ、障害とは何か？　disabilityとは何か？　が理解されることが、個人差を受け入れられる共生社会において重要であり、それらを学ぶことが、共生教育になると思います。

第Ⅱ章　教育

共生にかかわる教職について

手島　純

はじめに

　これから教職課程で学修を進めようとする方、または教職課程に興味がある方にとって、共生について考えることは非常に大切です。なぜなら共生を視野に入れない学校での教育活動はありえないからです。
　現在の学校現場では、「いじめ」「不登校」「暴力」「非行」などの問題が続発しています。こうした問題を解決するためには、社会や教育の在り方を問い、自らの「生き方」「在り方」に繋げていかなければなりません。そこで、ここでは共生と教職の関係性について論じつつ、学校現場における共生をどう作っていくかの課題も実践的に考察していきたいと思います。

1　教職とは何か

　教職とは何でしょうか。それは学校において教育活動に直接かかわる職種を意味します。具体的には、校長・副校長・教頭・教諭などの教育活動にかかわる職種一般を指します。先生と呼ばれる人に医者や塾講師などもいますが、そうした職種は除かれ、あくまで学校教育における職種に限ってのものになります。
　この教職に求められていることは、現在ではとても多くなっています。学校現場では多くの問題が生じ、その解決に多大のエネルギーが使われています。前述した「いじめ」「不登校」「暴力」「非行」だけではなく、なかなか減らない「中退」問題や近年話題になっている「子どもの貧困」などの問題があります。もちろん教職にかかわる者、特に教員は授業をしてホームルームを運営するという大切な仕事がありますし、校長等の管理職は学校全体の教育活動が滞りなく運んでいるかを注視し監督しなくてはなりません。しかし、そうした基本的なルーティンだけではなく、今日では様々なことの処理を行うことが求められています。たとえば近隣からの苦情もありますし、警察からの連絡もあり

ますし、保護者からのクレームもあります。学外での児童・生徒の問題行動もあります。実際、学校では対応できない問題もありますが、そうしたことも含めて教職における守備範囲なのです。

　この教職の仕事を共生という視点で捉え直していくと、諸課題の解決の方法も見えてきます。人と人の繋がり、人とモノの繋がり、人と自然との繋がりのなかで、共生の視点を持つことにより、ポジティブな対応ができると思われます。

　学校現場では主に人と人の繋がりが重要になります。そして、人権教育という形で共生教育が行われていますし、実践も積み上げられていますので、まずそのことについて述べていきましょう。

2　人権教育

　人権教育は多くの学校で必須になっています。それは生徒の多様性への重視、一人ひとりを大切にしていこうとする教育の流れのなかで位置付けられるものです。しかも、人権教育は抽象的な理論ではなく、実践的なものとして捉えられています。また、日本の教育のなかでは人権教育に関しての知見と実践は、同和教育などで積み上げられています。

　そもそも人権（human rights）とは何なのでしょうか。アムネスティ・インターナショナル（国際人権NGO）は次のように説明しています。「性別、国籍、年齢をとわず、この世に生きるすべての人びとは、生まれながらにして、かけがえのない価値を持っています。同時に、一人ひとりがみな、『人間らしく生きる権利』を持っています。この権利は、平等であり、決して奪うことはできません。そして、この権利を社会全体で守り、尊重することによって、より多くの人びとが平和に、そして自由に暮らせる社会が築かれるのです。この、人間のための権利。それが、『人権』です」[1]。

　要するに、人権とは人間が人間らしく生きる権利で、生まれながらに持つ権利です。この権利は世界人権宣言（Universal Declaration of Human Rights）を読むとさらに位置づけが分かります。その前文には「人類社会のすべての構成員の固有の尊厳と平等で譲ることのできない権利とを承認することは、世界における自由、正義及び平和の基礎であるので、人権の無視及び軽侮が、人類の良心を踏みにじった野蛮行為をもたらし……」と記述されています。人権無

視が戦争への道を歩ませたという強い反省があるのです。

法務省・文部科学省編『人権教育・啓発白書』(2016)では「豊かで成熟した社会を実現するためには、一人一人の人権が尊重されることが極めて重要となる。しかし、我が国では様々な人権問題が生じており、『人権』が守られていない状況が存在している実情にある」[2]と記述されています。この白書に示された人権課題は「女性」「子ども」「障害のある人」「同和問題」「アイヌの人々」「外国人」など13に分類されています。そのなかには「その他の人権課題」ということで「同性愛」「両性愛」などにも言及しているのです。

本稿では日本の人権教育を牽引してきた同和教育と今後の人権教育に大きく関わるインクルーシブ教育について取りあげます。

3　同和教育とインクルーシブ教育

同和教育（部落解放教育）とは部落差別を解消するための教育です。そもそも現在、部落差別は存在するのでしょうか。「部落差別の解消の推進に関する法律」(2016年)では、「第一条　この法律は、現在もなお部落差別が存在するとともに、情報化の進展に伴って部落差別に関する状況の変化が生じていることを踏まえ、全ての国民に基本的人権の享有を保障する日本国憲法の理念にのっとり、部落差別は許されないものであるとの認識の下に……略……部落差別の解消を推進し、もって部落差別のない社会を実現することを目的とする」とあります。具体的には結婚における差別やインターネット上での差別的言辞、部落地名総鑑（被差別部落の地名を明らかにする差別的書籍）などがあります。

さて、今の時点で振り返ったとき同和教育が切りひらいた世界は何でしょうか。就職時に必要な「全国高等学校統一用紙」は同和教育の取り組みとして作成されたものです。この統一用紙は1973年から始まり、何度かの改訂を経て、現在も続いているものです。それ以前は会社ごとの応募用紙（社用紙）でしたが、なかには差別的な内容のものもありました。そこで当時の労働省・文部省や校長会が中心となって、高校生が就職する際の応募用紙が統一されたのです。その統一用紙を経ずに、いわゆる差別選考にもつながるネットでの募集（社用紙募集）が行われている現在こそ、その意味が見直されるべきです。

高知市の長浜ではじまった「長浜・教科書をタダにする会」の運動は「義務教育諸学校の教科用図書の無償措置に関する法律」を成立させました。高

（応募書類　その1）

履　歴　書

	写真をはる位置 （30×40mm）	

平成　　年　　月　　日現在

ふりがな		性別
氏　名		
生年月日	昭和・平成　　年　　月　　日生（満　　歳）	
ふりがな		
現住所	〒	
ふりがな		
連絡先	〒	

（連絡先欄は現住所以外に連絡を希望する場合のみ記入すること）

学歴・職歴	平成　年　月	高等学校入学
	平成　年　月	
	平成　年　月	
	平成　年　月	
	平成　年　月	
	平成　年　月	

（職歴にはいわゆるアルバイトは含まない）

資格等	取得年月	資格等の名称	
趣味・特技		校内外の諸活動	
志望の動機			
備考			

（別紙1）

全国高等学校統一用紙（文部科学省、厚生労働省、全国高等学校長協会の協議により平成17年度改定）

調　査　書

（応募書類　その2）

ふりがな		性別	現住所	
氏名	昭和・平成　年　月　日生			
学校名			在学期間	平成　年　月　入学 （第　学年）編入学・転入学
課程名	全・定・通	学科名　　科		平成　年　月　卒業・卒業見込

学習の記録											
教科・科目		評定				教科・科目		評定			
教科	科目	1年	2年	3年	4年	教科	科目	1年	2年	3年	4年

	修得単位数			
	1年	2年	3年	4年
総合的な学習の時間				
留学				

特別活動の記録	

出席状況		1年	2年	3年	4年
	欠席日数				
	欠席の主な理由				

身体状況				検査日・平成　年　月		
身長　　cm	視力	右（　）	聴力	右	備考	
体重　　kg		左（　）		左		

（視力欄にA～Dが記入されている場合、A:1.0以上、B:1.0未満0.7以上、C:0.7未満0.3以上、D:0.3未満を表す）

本人の長所・推薦事由等	

記載者	印

上記の記載事項に誤りのないことを証明します。

平成　　年　　月　　日

（所在地）〒

（学校名）

（電話番号）

（校長名）　　印

全国高等学校統一用紙（文部科学省、厚生労働省、全国高等学校長協会の協議により平成17年度改定）

全国高等学校統一用紙

等教育の無償化問題も俎上にあがっている今日こそ、語り継がねばなりません。「きょうも机にあの子がいない」は、被差別部落の児童生徒が部落差別ゆえに学校に行けない状況を的確に表現した言葉です。この言葉は、1950年に全国ではじめて高知県に配置された「福祉教員」(同和地区などで福祉教育を担当) が作成した実践記録『きょうも机にあの子がいない』から生まれたものです。不登校や長欠の児童生徒が減らない現状にも通じるものがあります。格差社会や子どもの貧困が問題化される現代にあって、生徒がどういう現実を生きているかを知る必要があります。そのためには、家庭訪問などをして生徒の背景を知ることも大切です。そもそも、水平社宣言 (1922年) は、差別を反転して、カミングアウトする現在の反差別運動につながっているのです。「隠して生きる」のではなく、「そういう現実 (マイノリティ) で何が悪い」と翻る発想は、今日においても意味があります。そして、「差別をしない」が「いじめをしない」に結びついていかなければなりません。

　次にインクルーシブ教育について言及したいと思います。学校教育法が2007年度に改訂され、今までの盲学校、聾学校及び養護学校は特別支援学校になりました。改訂前は「第七十一条　盲学校、聾学校又は養護学校は、それぞれ盲者 (強度の弱視者を含む。以下同じ。)、聾者 (強度の難聴者を含む。以下同じ。) 又は知的障害者、肢体不自由者若しくは病弱者 (身体虚弱者を含む。以下同じ。) に対して、幼稚園、小学校、中学校又は高等学校に準ずる教育を施し、<u>あわせてその欠陥を補うために、必要な知識技能を授けることを目的とする</u>」でしたが、改訂後は「第七十二条　特別支援学校は、視覚障害者、聴覚障害者、知的障害者、肢体不自由者又は病弱者 (身体虚弱者を含む。以下同じ。) に対して、幼稚園、小学校、中学校又は高等学校に準ずる教育を施すとともに、<u>障害による学習上又は生活上の困難を克服し自立を図るために必要な知識技能を授けることを目的とする</u>」に変わりました (傍線筆者)。欠陥を補うためではなく、困難を克服し自立を図るために学校があるとしたのです。

　その後、2012年に中教審初等中等教育分科会で「共生社会の形成に向けたインクルーシブ教育システム構築のための特別支援教育の推進」という報告が出ました。この中教審答申には「インクルーシブ教育」「合理的配慮」などの語句が多く使われています。インクルーシブ教育は、いうまでもなく特別支援学校だけでの教育ではなく、学校一般に敷衍化されるものです。そして、2016年に「障害を理由とする差別の解消の推進に関する法律」が施行されました。な

お、国連の「障害者の権利に関する条約」は2006年に採択されたのですが、日本が批准したのは2014年でした。

4　環境教育

　環境教育も共生の主翼を担います。現行の学習指導要領における「環境教育」に関わる主な内容として、小・中・高校とも総則では共通に「環境の保全に貢献し未来を拓く主体性のある日本人を育成するため、その基盤としての道徳性を養う」[(3)]となっています。その関係科目は多岐にわたり、一科目での取り扱いではなく、様々な科目において多角的な視点での環境教育が提起されています。中学に焦点を合わせれば、社会科では「自然環境が地域の人々の生活や産業と関係をもっていること」「持続可能な社会の構築のため、地域における環境保全の取り組みの大切さ」「公害の防止など環境の保全」の項目があります。理科では「日常生活や社会における様々なエネルギー変換の利用」「自然環境の保全と科学技術の利用の在り方について科学的に考察」、保健体育科では「環境の保全に十分配慮した廃棄物の処理の必要性」「地域の実態に即して公害と健康の関係を取り扱う」となっており、技術・家庭科では「自分や家族の消費生活が環境に与える影響について考え、環境に配慮した消費生活について工夫し、実践できること」となっています。

　小学校や高校においても同じで、学年・教科科目を横断的に環境教育の指針が示されています。また、単に授業での取り扱いだけではなく、HR活動や清掃時においても環境教育が実践されています。ゴミの分別はもちろん、地域清掃や各種ボランティア活動などが積極的に行われています。そうした全体的な取り組みのなかで共生教育が行われているのです。教職にかかわる者はこうしたことを知る必要があります。加えて、学校においても「持続可能な開発のための教育」の取り組みが模索されはじめています。

5　共生社会へ向けた教職の意義

　共生社会に向けた教職の役割は非常に大きなものがあります。それは何より次世代を形成する児童生徒にかかわることだからです。しかし、現実には学校社会はさまざまな問題を抱えており、その対応に教師たちは多大なエネルギー

を費やしています。共生社会ではなく競争社会に勝ち抜くための労力も多く使われています。典型的なことが受験に向けた競争でしょうし、学力比べでしょう。全国学力テストの詳細を公表して競わせたいという力も現実には働いています。

　しかし、目先の競争に駆り立てるのではなく、人類の未来も踏まえた共生社会の実現を目指すことこそが、公教育の役目ではないでしょうか。教職にかかわる者こそが、日々の実践を積み重ねて共生社会の実現に努力することが大切です。

注

(1) アムネスティ・インターナショナルHP「人権って？」
http://www.amnesty.or.jp/human-rights/what_is_human_rights/（2018年6月12日閲覧）
(2) 法務省・文部科学省編『平成26年版 人権教育・啓発白書』（勝美印刷、2014年）「はじめに」
(3) 文部科学省HP「新学習指導要領における「環境教育」に関わる主な内容」
http://www.mext.go.jp/b_menu/shingi/chousa/shisetu/013/003/shiryo/attach/1299713.htm（2018年6月7日閲覧）

参考文献

金子邦秀監修『新しい教職基礎論』（サンライズ出版、2018年）
川野辺敏・白鳥絢也『教師論―共生社会へ向けての教師像』（福村出版、2013年）
佐藤晴雄『教職概論 第5次改訂版』（学陽書房、2018年）
星槎大学教員免許状更新講習センター編『共生への学び 改訂版―先生を応援する教育の最新事情』（ダイヤモンド社、2016年）

共生教育のための「主体的対話的深い学び」をどう考えるか

天野一哉

オーギュスト・ロダン『地獄の門』（国立西洋美術館）筆者撮影

はじめに

　19世紀の終わりごろ、オーギュスト・ロダンは、パリのミュージアムからモニュメント制作の依頼を受けます。彼は、ダンテの『神曲』をモチーフに『地獄の門』という彫像をつくりはじめました。以来、数十年にわたり、この高さ５メートル40センチ、幅３メートル90センチの巨大な群像彫刻をつくり続けます。しかし、結局、未完に終わります。この大作の一部（一般に「地獄を覗き込んでいる人」と言われる）を独立して『詩人』と名づけて発表します。これが、現在、『考える人』と呼ばれるブロンズ像です。

　このエピソードから『考える人』は「本当は『見る人』だ」とか、「ダンテ

の絶望あるいはロダン自身の苦悩を表している」と言う人がいますが、ロダンやダンテが何を表現しているかだとか、ましてや、あたかも唯一無二の「正解」があるかのように「本当は〇〇だ」などと決めつけることは誰にもできません。大切なのは「あなたが、どう感じるか」です。まさに、あなた自身が「考える人」なのです[1]。

問いかけ002　「あなたは『教育』について、どう考えますか」

　ここから先は、あなた自身が上の「問いかけ」に対して、じっくり考えたあとに読んでください。できれば書き留めておくといいですね。箇条書きでもいいし、キーワードのみでも構いません。

＊

　さて、しっかり考えられたでしょうか。なかには、すぐにスマホを手にとり調べた人もいたことでしょう。「調査」は非常に重要です。しかし、調べる前に、まずは自分で考えてみることです。考える前にすぐに調べてしまうと、「考える」習慣が身に付きません。思考停止に陥ってしまいます。また鴨（雁）のように最初に見たものを「正解」と思い込んでしまうかもしれません。

　みなさんは上の「問いかけ」に対して、どのように考えましたか。「教育」の「意味」について考えた人もいるでしょう。それは間違いではありませんし、妥当なことです。ただし、「問いかけ」は「教育とは何か」とか「教育の意味は何か」ではありません。それを含めて、「教育」について、あなたが、どう思うか、どう捉えるか、ということです。以下、「意味」も含めて、どう考えればいいかを見ていきましょう。

　教育の「意味」について考えた人は、熟語を分解して「教え」「育てる」ことだと閃いたのではないでしょうか。この「字解」という作業は、概念を理解する場合、とても有効な方法です。では「教育」の意味として「教え」「育てる」は妥当でしょうか。多くの辞書や概説書にも、そのようなことが書いてあるし、私たちは家庭や学校で子どもたちを「教え」「育て」ていますね。

　ひとまず「教育」の意味は「教え」「育てる」だとして、では「教える」の意味はなんでしょう。「伝える」とか「導く」「身に付けさせる」などが思い浮かぶでしょうか。すると次に「伝える」とは何かという問いが自動的に立ちあがります。「伝える」の意味は「知らせる」だとしましょう。今度は「知らせ

る」とは何かが問題になります。「知らせる」は「知らせる」だっ！　と言いたくなりますが、それでは「教育」は「教育」だ、と言ってもいいことになります。この作業は、やろうと思えば、どこまでも続きます（時々元に戻ったりもします）。適当・適切なところで、折り合いをつけなければなりませんが、「問い続ける」という思考習慣は是非とも身に付けたいものです。

　適当・適切なところで、折り合いをつけたとしても、それで終わりではありません。例えば「伝える」「導く」「身に付けさせる」を落としどころにしたとしましょう。今度は、たちまち、何を「伝える」か、とか、誰を「導く」のか、どう「身に付けさせる」べきか等々、さまざまな疑問が湧いてきます。つまり「教育」について考える場合、表面的な「意味／行動」のみならず「目的」や「内容」「主体と対象（客体）」「方法」などが着眼点となるということです。

　これらを含め物事の「構造（仕組み）」や「機能（役割）」を考えてみると、それまで隠れていたものが姿を現すということもあります。ただ「構造」「機能」は、往々にして「静的」なものとして捉えがちですが、常に外部（人間や社会／世界）と関係性（相互に）を持ち続ける「動的（ダイナミック）」なもの、つまり「運動」として観察し続けなければなりません。

　この「問いかけ」の最後に、少し整理しておきましょう。「教育」の意味として「教え」「育てる」ということは間違いではない。しかし、それで「十分」とは言い切れない。そんなの「当たり前だ」という声が聞こえてきますが、ここで注意しなければならないのは、"「教育」の意味→「教え」「育てる」"は、「たとえ話（ひとつの例）」であるということです。さまざまな「意味」を考えるとき、何かが閃いた、しかし、それは「一部」に過ぎない、もっと広くて深い「意味」の世界があるということです。残念ながら有限な存在である人間には、この「意味」の世界の「全部」を知り尽くすことはできません。しかし、この世界を旅することはできます。はじめの一歩のあと、二歩目、三歩目と進んで行くことができます。

　では、これらを踏まえ、もう一度、先の問いかけに対して考えてみてください。

問いかけ003　「あなたは『学習』について、どう考えますか」

　この「問いかけ」についても、ここから先を読む前に、ひとりでじっくり考

えてみてください。

＊

　どうでしょう。「学び習う」より、広く深く考えられたでしょうか。先の「教育」についての「問いかけ」も同様ですが、私たちが考えをめぐらせるとき、あるいは何かを閃くとき、その根底に自己の経験があります。自分がどのような「教育」を受けてきたのか、どんな「学習」をしてきたのか、省察してみるといいでしょう。近頃は「再帰的（性）」なる難解な概念を使う場合もあります。

　一般的に省察をする場合、事実が生起した順にたどって考えると整理しやすいですね。事実を出発点に「成果」「課題」「改善策」などを自問すると省察に奥行きがでます。これに前項で見た「構造」「機能」「運動」などのフレームワークを適宜取り入れていくと、さらに思考の世界が広がります。

　もうひとつ、自己を中心に据えた考え方として、現在の自分が興味／関心（自由意志）を抱いているものを思い浮かぶままに列挙していくという方法があります。KJ法と呼ばれる発想法／分類法です（川喜田二郎『発想法』[(2)]）。付箋やカードに思いつくキーワードをランダムに書いていきます。このときの注意点は「質より量」です。「レベルが低い」とか「関係ない」と思っても、頭に浮かんだ言葉はとにかく書く、より多くカードをつくることに力を注いでください。いらないカードはあとで処理すればいいので、この段階では、頭にあることを洗いざらいさらけ出すつもりで粘り強く絞り出してください。

　このキーワードを「材料」に、自分は何に「疑問」を感じているのか、何を「解決」したいと欲しているのかを明らかにし、「問題」を発見、「課題」設定をしてみましょう。はじめは箇条書きのようなメモ程度で構いません。重要なのは潜在化していた自己の「思い」「考え」を可視化すること、顕在化することです。

　ただ、これはあくまでも便宜的な方法です。発想のための訓練と言ってもいいでしょう。KJ法（他にもマインドマップや連想法、演繹法や帰納法、弁証法など、さまざまな思考法があり、論理学という学問もあります）にとらわれず、問題意識／自由意志を言語化できる（たとえば、「どうして格差がうまれるのか」とか「アニメなどのサブカルチャーについて知りたい」などの疑問や欲求、また、その理由や背景を明確に語ることができる）なら使わなくても構いません。むしろ、方法、枠を超えて（あるいは、それらを自由に組み合わせ

て）自律的に思考することこそが核心です。ひとつのメソッドに拘泥しすぎると思考自体が固定化され、「解」も硬直化します。「ワークシート」勉強法は便利ですが、「自由」を獲得するために、いつかは捨てなければなりません。

　問題が明確になったら、自分なりに、その回答（仮説）を考えてみましょう。自問自答です。あなたの興味／関心（自由意志）のある事柄、切実な問題に対して、あなた自身が「解」を生み出す（生み出そうとする）ことがなにより大切です。

　ただ注意すべきは「解」はひとつとは限らないということです。１＋１＝の「解」は２と直感的に思いつきます。しかし、もっと深く考えてみると「二進法」というのがあったな、と気がつきます。ということは１＋１＝10も成立します。１＋１＝１や１＋１＝０はどうでしょう（いじわる問題やなぞなぞの類いではなく純粋に数学的／科学的問題として）。興味のある人は考えてみてください。つまり、あなたがひとつの「解」を閃いたとする、それで終わりではなく、別の「解」はないかと、さらに思考を継続する。この行為が「深い学び」につながります。

　ここまで、「教育」や「学習」について、あなたは、あなた自身の考えをいくつも生み出す（顕在化する）ことができたでしょう。ただし、「教育」や「学習」について考えているのは、あなただけではありません。あなた以外にも多くの人々が「教育」「学習」（もちろん他のあらゆる事柄）について、あなた以上に考えています。ということは、あなたが考えた「意味」「構造」「運動」「問題」「解」以外のものも存在するということです。これは、あなたの思考にとって必ずや役立つはずです。参考にしない手はありません。それでは、次に他者の考え（情報）をいかに入手するか、その「調査」方法について見ていくことにしましょう。

　自分なりにじっくり考えたら、ネット等を利用して、他者は、どんな考え（多様な情報）を持っているのか調べてみましょう。辞書でもいいし、何かのサイトでも構いません。ただしネットの情報は玉石混淆です。とんでもないウソ・ガセ・デマが潜んでいます。これを完璧に見極めることは困難ですが、最低限、「複数のサイトにあたる」と「情報源の確認」は習慣づけましょう。最初に見たサイトを信じ込むということは「鴨（雁）」と同じだし、多様な情報を得るという目的からもはずれます。また複数といっても辞書の類いのみとか「まとめサイト」ばかりではなく、CiNiiで公開されている論文を読んでみたり、

第Ⅱ章　教育

文部科学省等の公共機関の資料に目を通すなど、異なる「カテゴリー」で調べることによって情報の「確度」が高まります。

　ネットによる調査の陥穽を自覚できたら、積極的に活用してみましょう。単純に「意味」を検索するのもいいのですが、「第２検索キーワード」「語源」「外国語訳」「類義語」など、少し見方を変えた調べ方をすると、それまでの認識が「思い込み」だったと気づかされることもあります。たとえば「学（學）」という漢字の成り立ちを調べてみると、師が弟子に知識などを伝授している様子を表しているということがわかります。私も昔は、「教育は教える側と教えられる側が必要だが、学習は学ぶ側のみで成立する」と思っていました。しかし、ここで注意したいのは、象形文字である漢字の成り立ちとしては「師が弟子に知識などを伝授」（これ自体も解釈なので諸説あり）ですが、それが唯一無二の「学（學）」の「意味」ではない、ということです。漢字ができたのは3,000年以上前の封建時代の中国（政治制度としての封建制は、厳密には「周王朝」からだが、ここでは一般的な「封建的（身分制的）」の意味）ですから、その当時の「意味」をそのまま現代に通用させることには無理があります。ちなみに「教（敎）」を調べてみると「棒」あるいは「鞭」が潜んでいます。

　また『論語』の「学而時習之、不亦説乎。」は、一般的には「学びて、時に之を習ふ、亦説ばしからずや。」と書き下し「学んだことを常に繰り返し練習することによって身に付くことは、なんとうれしいことではないか。」と訳しますが、佐久協『『論語』2000年の誤訳』[3]では歴史学者の貝塚茂樹（『論語』）の「学んで時に習う（ものを教わる。そしてあとから練習する）」とする訳が紹介されています。

　「学而時習之、不亦説乎。」のあとは「有朋自遠方来、不亦楽乎。」と続きます。他にも「学而不思則罔、思而不学則殆。」や孟子の「君子有三楽。（中略）得天下英才教育之、三楽也。」があります。学習、教育と「対話」「思考」「権力」との関係性を考える参考になるでしょう。

　この問いかけに対しても、上を参考にして考え直してください。

問いかけ004　「あなたは『主体的（性）』について、どう考えますか」

　この「問いかけ」では、最も重要な文献（特に書籍）の調査について見ていくことにします。本や資料を選んだら、当然、じっくり読解しなければなりま

せん。ただ、この読解が意外に難しい。小学校からやっていることなのですが、なかなかうまくできていないようです。なぜでしょう。答えは単純明解です。大学で使う「専門書」や「学術論文」の類いは難解だからです。学生に聞くと「何が書いてあるかわからない」と言います。どうして日本語で書いてあることが「わからない」という現象が起こるのでしょうか。これも一応、答えは単純明解です。「専門書」「学術論文」の文章としての特徴は大きく言って２つ。ひとつは「専門用語（術語）」が多い。もうひとつは「論理構成が複雑（ゆえに一文が長くなる傾向がある）」ということです。

　知らない「専門用語（術語）」がひとつでもあったら文意はうまくつかめません。では、どうすればいいでしょう。実はこれもいたって単純明解です。そう、一つ一つの「専門用語（術語）」を丁寧に調べることです。ただ、この丁寧さは「専門用語（術語）」に限ったことではありません。一般的な言葉でもキーワードとおぼしき言い回しや自分がうまく説明できない単語は、根気よく調べ上げることにしましょう。これまで、そのことを延々と述べてきました。この基本的作業なしに「わからない」は克服できません。

　これに対して「論理構成が複雑（ゆえに一文が長くなる傾向がある）」は多少厄介です。「専門書」は、物事をできるだけ正確に伝えようとする文章です。ですから、ある事柄を語るために「限定」したり「除外」したり、あるいは「注釈」したり、と「言い訳（能書き）」が多くなります。すると、Aという説明をしたい事柄そのもの（主語／主部）と、Bという説明内容（述語／述部）それぞれにいろんなプラスアルファがついて、離ればなれになってしまいます。一文が長く、わかりにくい文は、A（主語／主部）とB（述語／述部）の核となる語（文節）を見つけ、つなげてみましょう。その他の語（文節）も「正確」を期する意味では重要なのですが、まずは文の大意をつかみ、そのあとで他の語（文節）との関係をとらえ、一文の全体を理解するといいでしょう。これは一文のみならず、一段落、一項、一節、一章、そして書籍（論文）全体に応用できます。

　読解のスキルは、他にもいろいろありますが、そのような技術的なことよりも大切なのは、文献（著者という意味ではなく）と「対話」することです。あなたが「書かれていること」に対して「反応／応答」することです。「そのこと」に対して、賛同するのか、意を異にするのか、部分的に同意するのか、新たな見解を提示するのか、感じて、考えて、表現することで文献はあなた自身

第Ⅱ章　教育

の思考の一部に昇華されます。それまで、一度ならず二度三度、「読書百遍意自ら通ず」を掛け軸にして、がっつり読み（対話し）続けてください。

　この「問いかけ」の最後にいくつか文献を紹介します。この「問いかけ」の根本は、拙稿全体の問いかけである「共生教育のための『主体的対話的深い学び』をどう考えるか」ですから、「教育」「学び」との関係で「主体的（性）」をどう考えるかが中核になります。権力におもねることはありませんが、公的な文書（資料）はおさえておく必要があります。まずは、「教育基本法」や「学習指導要領（2017年告示『幼稚園教育要領』『小学校学習指導要領』『中学校学習指導要領』と2018年告示『高等学校学習指導要領』）」で「主体的（性）」が、どう扱われているかを確認しましょう（文科省のHPからダウンロードできます）。ただし、これらの資料では、「主体的（性）」という言葉は使われてはいますが、それが何を意味しているのかは今ひとつ判然としません。そこで補助線として関連資料（例えば、文科省「新しい学習指導要領の考え方」等）を参照するといいでしょう。ただ残念ながら文科省関連の公的文書・資料では「主体的（性）」と「教育」「学び」との関係は明確にはわかりません。パターナリズム（あるいはobscurantist policy）でわざと曖昧にしているのか、文科省自体がよくわかっていないのかは藪の中です。そもそも「主体」自体が時代や人によって多義的で難解な抽象的概念ですから行政に明晰な説明を求めるのは無理かもしれません。いずれにしても公的文書・資料のみに頼っていては、「主体的」思考はできません。

　そこでもうひとつ文献を紹介しておきます。ミッシェル・フーコー『監獄の誕生―監視と処罰』[4]。フーコーは「パノプティコン（一望監視施設）」、つまり監視される（見られる）ことによって自ら（「内面的」に、ある意味「主体的」に）規律に従う囚人の姿を浮き彫りにしています。近代の学校も、軍隊や工場と同じく監獄と同様のシステムを備えています。これが「主体（subject）」の"正体"だとすると、「道徳の教科化」ともあいまって、obscurantist policyによる臣民（subject）化もあながち「謀略説」とも言い切れないかもしれません。「主体的対話的深い学び」自体をクリティカル（批判的）に見る必要がありそうです。

　ただし、フーコーの言っていることもひとつの説に過ぎません。囚人や兵隊、学生のなかにだって、そうした環境において、規律に従わず「抵抗（内面的であれ行動面であれ）」する人もいるでしょう（網の目のように張り巡らされた

「権力」に絡めとられない人々)。「主体 (subject)」については仏教や古代ギリシアからカント、ヘーゲル、キルケゴール、西田幾多郎、三木清、次項以降で取り上げるユルゲン・ハーバーマスやギデンズ等、古今東西、いろんな人がいろんなことを言っていますので、たったひとりの言説を鵜呑みにせず、多様な思想に触れてみてください。

問いかけ005　「あなたは『対話』について、どう考えますか」

　思考は、ひとりぼっちの孤独な行為ではありません。ときに「もうひとりの自己」と、ときに「書かれたもの」と、そして、ときに多くの「他者」との共同作業です。自分と対話し、書物と対話し、人と対話することによって思いや考えは深まり、広がり、やがて実現するでしょう（可能性として）。

　ここでは生身の人との対話について見ていくことにします。たいていの人は対話の経験があるはずです。しかし、これも先に見た読解と同じように、社会的、学術的な話題について「教室」で対話してみると、うまくいかないことが多々あります。なぜでしょう。この派生的な問いを考える前に、うすうす気がついている人もいると思いますが、「共生教育のための『主体的対話的深い学び』をどう考えるか」をはじめ、一連の問いを「なぜ考えなければならないのか」という根源的な問いについて触れておきましょう。

　この本に「考えろ」と書いてあるからとか、先生に「考えろ」と言われたからなど、消極的な理由をあげる人もいるでしょう。消極ついでに、これらの問いを考えなかったら「どうなるか」を考えてみてください。「どうにもならない（変わらない）」場合もあるかもしれません。しかし、みんなが考えなかったら、社会が「どうにもならなく（動かなく）なってしまう」かもしれません。あるいは限られた一部の人のみが考えたとしたら、社会が一部の人のみの考えで（利益のために）「動かされる」可能性があります（実際そのようになっています）。ということは、考えない人々、対話しない人々が「喰いもの」にされる蓋然性が高まります。対話について考えず、うまく対話ができず、対話しなくなると様々な不利益があなたを襲うでしょう。あなたの意思は反映されず、あなたは他者の考えに従わざるを得ません。例えば、あなたの学習（内容や方法）について、あなたの仕事（内容や給料）について、あなたに関わる政治（税金や福祉）について、あなたは、どのように考え、誰と対話（意見表

第Ⅱ章　教育

明）し、どれだけ希望が叶っているでしょうか。「そのこと」について、全く考えず、誰とも対話しなければ、「そのこと」について、あなたの願いが成就することは偶然以外にはあり得ません。どうやら現代社会においては「沈黙は金」ではなさそうです。つまり、「考える」「対話する」ということは、あなたの人生を左右する根本的な行為であるということです。

とすると、先の派生的な問い（対話がうまくいかない）に対するひとつのヒントが思い浮かびます。社会的、学術的な話題（「そのこと」）について、確固たる自分の考えがなかったり、深く考えた経験がなかったりすることが「対話」と大きく関係しそうです。自分の考えがない対話は、相手の話を一方的に聞くか、自分の考えではない話（借り物の情報）を言うかですから、「うまくいかなかった」感が残ります。

ただ、自分の考えがなかったり、深く考えた経験がなければ「対話」ができないかというと、そうでもありません。対話相手の話に触発されたり、「借り物の情報」を語る自己を発見（借り物でも口にするということは何か意味があるはず）できたりと、対話の途中、対話のあとに「そのこと」について考えることになるからです。つまり「思考→対話」だけではなく「対話→思考」というベクトルも成り立ちますし、「思考⇔対話」もあるでしょう。あるいは、思考と対話という厳密な境界がなく、対話のなかに思考があったり、思考のなかに対話があったりする場合もあるかもしれません。それほど思考と対話は密接な関係があるということですね。

この項でもひとつ文献を紹介しておきます。ハーバーマス『コミュニケイション的行為の理論（上中下）』[5]（ちなみにハーバーマスは先にあげたフーコーを批判していますので両者の考えを対比して「主体」と「対話」についても考えてみてください）。

ハーバーマスは、「システムによる生活世界の植民地化」ということを言っています。簡単に言うと、制度や組織、お金など（なんらかの「力」）によって、人々の日常や文化的活動が歪められる、ということです。この事例としては、「学習指導要領」によって教育内容が制限・限定されたり、教育委員会によって自由な学びが阻害されたりと枚挙に遑がありません。これに抗するのが「コミュニケーション的行為」だとハーバーマスは言います。ハーバーマスの「コミュニケーション的行為」は、制度や組織、お金など（なんらかの「力」）によってなされるもの（「戦略的行為」）とは違い、対話するお互いが「了解」

を目指し、「合意」に達することを想定しています。「コミュニケーション的行為」を実行するためには「真実性（客観的事実）」「正当性（社会における規範としての妥当性）」「誠実性（個人の心として私利私欲やウソがない）」が必要だとハーバーマスは考えました（ただしカッコ内の補足は筆者）。かなり難しい概念なので、ハーバーマス本人のメタファーを援用して、筆者なりの例をあげておきます。

　教員と生徒が学習内容について対話しているとしましょう。教員は、ある数学の定理について学ぶことを生徒に提案します。この場合、当該の数学定理が実際に存在すること（真実性）、その数学定理を学ぶことが社会通念として求められていること（正当性）、定理を学ぶことが生徒の人生にとって有用であると教員が本気で思っていること（誠実性）という具合でしょうか。植民地化された生活世界においては、生徒が何を学ぶかはすでにシステム（制度）によって決められています。教員も、その生徒にとって本当に有用か否かではなく「教えること」がすでに決められているので教えています。「コミュニケーション的行為」においては「真実性」「正当性」「誠実性」に疑義があれば、生徒が拒否することもできます。もちろん、生徒の側にも「真実性」「正当性」「誠実性」が求められます。昨今は大学の授業においても対話が多用されるようになりました。教室での対話がうまくいかなかったとき、スキルも重要ですが、あなたの「コミュニケーション」に「真実性」「正当性」「誠実性」があるか否か省察してみてはどうでしょう。

問いかけ006　「あなたは『共生』について、どう考えますか」

　一応、この節の最後の「問いかけ」なので、002から005までの「考え方」も総動員して、上の問いと対峙してください。

＊

　これまで考えてきた「教育」「学習」「主体」「対話」もかなり難しかったと思いますが、この「共生」については、最も手強いのではないでしょうか。それには様々な要因がありますが、ひとつは「教育」「学習」「主体」「対話」も抽象的概念ですが、見たり聞いたり体験したことがなくはないでしょう。それに対して「共生」は聞いたことはあるでしょうが、誰もが見たり体験したことがあるとは言いがたいですね。つまり非常にイメージしづらい概念であるとい

うことです。

　では、どうすればいいでしょうか。大学では、研究対象にしても、文献やデータにしても、「分析」という手法が使われます。よく使う言葉ですが、実際にはどのような行為でしょう。「分」は「わける」ですね。「析」も「わける」です。つまり「分析」とは、対象（事柄）を分けて（分解して）、「要素」「成分」「条件」などを明らかにするということです。水を分析すると水素と酸素ですね。自然科学の世界では物質や元素など、ある程度明確な基準がありますが、人文科学・社会科学では自然科学ほどは現然とした指標はありません。それぞれの領域（discipline）で、それなりのスタンダード（ただし同じ領域でも多様な観点・尺度がある）がつくられていますので、かなり厄介です（唯一無二の統一標準があるわけではない）。

　とは言え、まずは自分なりに分析してみましょう。「共生」の全体像は、なかなか捉えられませんが、「共生」の「要素」「条件」は比較的考えやすいのではないでしょうか。先にあげたKJ法を使うといいでしょう。

　これも唯一無二の「正解」があるわけではありませんが、参考までに文献を紹介しておきます。ドミニク・S・ライチェン、ローラ・H・サルガニク（立田慶裕監訳）『キー・コンピテンシー ―国際標準の学力をめざして―』（OECD『The Definition and Selection of KEY COMPETENCIES』）[6]。OECD（経済協力開発機構）は、21世紀を生きる子どもたち（義務教育修了段階）には３つの「キー・コンピテンシー（重要な資質能力）」が必要だと言っています。

　１つ目は、「道具を相互作用的に用いる（Using Tools Interactively）」。「道具」とは、言語、記号、知識、テクスト、情報、テクノロジーなどを指し、「相互作用的」とは、単に「道具」を受動的に用いるだけではなく、それを応用し、創造する「積極的な対話」という意味で使われています。２つ目は、「異質な集団で交流する（Interacting in Heterogeneous Groups）」。これは、他者と良好な関係をつくる、チームで協力する、争いを処理し解決する、などの要素で構成されています。この「交流（Interacting）」は「他者」という言葉からもわかるように、人種や民族、国家という文化的、政治的「異質性」のみではなく、個人と個人の人間関係の構築をも意味しています。３つ目は、「自律的に行動する（Acting Autonomously）」。このコンピテンシーは、大きな展望のなかで行動する、人生計画や個人的プロジェクトを設計し実行する、権利・利害・限界・ニーズを擁護し主張する、などです。この３つの「キー・

コンピテンシー」自体も「共生」の「要素」「条件」を考える参考になりますが、より重要なのは、これらの「キー・コンピテンシー」をなぜ身に付けなければならないかということです。OECDは「人生の成功（a Successful Life）」と「適正に機能する社会（a Well-Functioning Society）」が目的だと言っています。

　「人生の成功」については8項目の「要因」をあげています。経済的地位と経済資源（有給雇用、収入と財産）、政治的権力と政治力（政治的決定への参画、利益集団への加入）、知的資源（学校教育への参加、学習基盤の利用可能性）、住居と社会基盤（良質の住居、居住環境の社会的基盤）、健康状態と安全（自覚的・他覚的健康、安全性の確保）、社会的ネットワーク（家族と友人、親戚と知人）、余暇と文化的活動（余暇活動への参加、文化活動への参加）、個人的満足と価値志向（個人的満足感、価値志向における自律性）。これらは生存権を中核とした西欧的人権、しかも20世紀的基本的人権よりも一歩踏み込んだ、いわば「21世紀的"発展的"人権」であることがわかります。

　「適正に機能する社会」の要因としては、経済生産性、民主的プロセス、連帯と社会的結合（社会関係資本）、平和と人権、公正・平等・差別感のなさ、生態学的持続可能性の6つをあげています。こちらも、いたって西欧的な民主主義社会について述べています。ただ、これも20世紀的な民主社会というよりも、近年、さまざまな学問領域で注目を集めている「信頼関係、規範、ネットワーク」などの人間関係や社会的組織を意味する「社会関係資本（Social capital）」という概念を用いて語られていることから「21世紀的"共生"社会」とでも呼ぶべき新しい社会を想定していると考えられます。

　この「21世紀的"共生"社会」に関連して、もうひとつ文献をあげておきます。アンソニー・ギデンズ『第三の道 ―効率と公正の新たな同盟』[7]。ギデンズの「第三の道」が「正解」か否かは別にして、民主主義、平等主義を基盤とした連帯と公正、責任と権利、教育と福祉の再構築を「新しい社会」の「要素」としているところは「キー・コンピテンシー」の目的と通じるところがあります。なにより「新しい社会」の構想という行為そのものがこの項の問い（「あなたは『共生』について、どう考えますか」）、ひいてはこの節全体の問い（共生教育のための「主体的対話的深い学び」をあなたはどう考えますか）のひとつのアプローチになるでしょう。

第Ⅱ章　教育

つづきに

　いかがだったでしょう。ここまで「教育」「学習」「主体」「対話」「共生」について、深く考えることはできたでしょうか。もちろん、これで終わりではありません。私たちは、まだまだ問題のとば口に立ったばかりです。もっと多くの本を読まなければならないし、問題が起こっている現場を訪れることも必要かもしれません。なにより、その問題について、さまざま人々と「対話」することが考えを深め、問題解決の手がかりになるはずです。「問いかけ」もこれで終わりではありません。「問いかけ007」は「あなたは『共生教育』について、どう考えますか」です。問いかけ008は「あなたは『共生科学』について、どう考えますか」です。これらの「問い」は本書全体を読んで考えてみてください。

　そのあとも「問いかけ」はまだまだ続きます。教員から、同学から、子どもから、本から、そして、自己から。その答えは、あなた自身のなかにあるはずです。

注

(1) ロラン・バルト、花輪光訳『物語の構造分析』（特に「作者の死」）（みすず書房、1979年）
(2) 川喜田二郎『発想法 改版―創造性開発のために』（中央公論新社、2017年）
(3) 佐久協『「論語」2000年の誤訳』（ベストセラーズ、2018年）
(4) ミシェル・フーコー、田村俶訳『監獄の誕生―監視と処罰』（新潮社、1977年）
(5) ユルゲン・ハーバーマス、河上倫逸訳『コミュニケイション的行為の理論（上中下）』（未来社、1985－1987年）
(6) ドミニク・S・ライチェン、ローラ・H・サルガニク、立田慶裕監訳『キー・コンピテンシー―国際標準の学力をめざして―』（OECD『The Definition and Selection of KEY COMPETENCIES』）（明石書店、2006年）
(7) アンソニー・ギデンズ、佐和隆光訳『第三の道―効率と公正の新たな同盟』（日本経済新聞社、1997年）

第Ⅲ章

福　祉

この章のガイダンス

　総論では、共生福祉は上から目線の政策によってではなく、各自が平等という人権思想によって、また、すべての人の幸福をめざす「共福」と他者の苦しみを共有する「共苦」の感受性によって支えられ、さらに「市民社会と政府」の協働を骨子とする「デモクラティック・サイエンス」によって実現へと向かわなければならないことを強調した。

　このような問題意識に立脚し、ここでは2名が独自の観点で福祉に関するテーマを論じている。

　まず山口道宏は、ルポルタージュ形式によって、認知症患者の介護問題から高齢者の孤独死まで、現代日本がいわば無縁社会に陥っていることの現状を訴え、子ども・高齢者の貧困や虐待、過労死・過労自殺、ワーキングプアなどの「負の連鎖」を未然に防ぐための手立てが急務であると訴える。そして「繋ぐ」「繋げる」「孤立しない」「孤立させない」ために、誰が、いつ、何をどうできるのかを、「福祉の文化化」「文化の福祉化」「福祉の質」の問題として捉え、そのための支え合いと公的扶助の必要を強調している。ルポルタージュ形式ならではの、迫力ある文章を読みながら、今日の緊急かつ切実な問題を感じ取ってほしいと思う。

　次に社会学者の細田満和子は、これまで患者と呼ばれる方々のインタビューや、患者会の活動を見聞した経験を基に、患者や難病とはそもそも何なのかという根源的な問いを発する。そして、社会学的規範理論の限界を超えて、「病いや障がいを持ちながら生きる」ということに、自ら意味を見出し、社会に働きかけて社会的な意味を獲得しようとする人々の「生のリアリティ」を感受する必要を唱える。さらに、ハンセン病に対する不当な差別の歴史や患者会の運動、自身がコミットしている筋痛性脳脊髄炎／慢性疲労症候群の患者運動などを紹介しつつ、保健医療や福祉に関心のある学生の方々に、現場に出て、患者といわれる方々（＝病いや障がいと共に生きている当事者）と問題を共有し、解決に向けて広く社会の仕組みを探求してほしいと結んでいる。

「孤立しない」「孤立させない」
——現代社会と福祉課題から

山口道宏

1　老いは「リスク」!?

　2007年12月7日夕刻、事故は東海道線共和駅（愛知県大府市）で発生した。近所に住む91歳男性が線路内に入り、列車にはねられた。
　男性には認知症があり、普段は85歳の妻と長男（横浜住）の妻の2人で、在宅での介護にあたっていた。男性の妻も高齢ゆえ、横浜に住む長男の妻は、夫を残し介護が目的の介護移住だった。
　同日午後4時半頃、男性はデイサービスから帰宅すると、いつものように妻や嫁とお茶を飲んだ。その後、嫁は片づけに立ち、側にいた妻がまどろんだそのとき、男性は外出した。30分後、嫁が男性の不在に気づき近所を探すも、男性の姿はなかった。
　5時47分、男性は即死だった。
　「構内死亡事故で二万七千人に影響　東海道線共和駅」と、事故翌日の地元紙はわずか250字のベタ記事で、事故直後の警察は「自殺の可能性があるとみて身元を調べている」と報じた。乗客には怪我はなかったものの上下34本の運休・部分運休で最大2時間1分の遅れがあったという。
　そして「（当該家族が）注意義務を怠ったから」と、JR東海が男性の遺族に損害賠償を請求していた。

　「徘徊事故　家族に責任なし　認知症　JR賠償請求に最高裁判決　監督義務総合的に判断」（2016年3月2日・朝日新聞）
　2016年3月1日。最高裁第三小法廷で注目の裁判の結審があった。
　これによりJRは逆転敗訴となり、最高裁は「家族に責任なし」と初判断している。
　判決の要旨は次のようだ。
・配偶者や長男だからといって無条件に監督義務者とはならない。

・監督義務者にあたるかどうかは、同居しているか財産管理への関与など、様々な事情を考慮して判断すべきである。
・事故当時85歳で要介護の妻と、20年以上別居していた長男は、監督義務者にあたらず賠償責任は負わない。

　争点は「誰が監督義務者か」（民法714条、同752条）で、本裁判では介護家族の被告が監督義務者、或いはそれに準ずる者であるかが問われた。いずれもそれを特定する目的は賠償責任で、前者は法定に依るが保護者や成年後見人というだけでは該当者とはいいきれず、後者は実態に即した関係性からなるも、その判断に際しては「総合的に」考慮されるべきと説いている。本事案では妻も長男もそれら要件との照合から監督義務はないとし「（監督が）可能で容易な場合」だけに監督義務者と判断できると限定した。

　それは賠償リスク論に終始した。なぜなら家族の介護力に委ねるばかりの国策に法律論は立ち入らない。損害賠償の責任問題までが法の限界か、「24時間の見守りが必要な場合にどんな体制が可能か」「徘徊やそれに伴う事故への対策を社会全体で講じるべき内容とは」については語らない。そしてリスク論は、判決文にはない「……だから、これからは賠償を民間保険で」という一部の識者コメントになって伝えられた。介護家族であれば自動車、火災、傷害保険などと同じく「特約」（保険）に加入するのが「転ばぬ先の杖だ」と。結局は、在宅で介護を担う家族に新たな「安心料」の負担を求めようという狙いに、すぐさま保険業界は新商品の紹介キャンペーンに余念がなかった。

　献身的に介護をする人をさらに追いつめることにならないか。介護にかかわること自体を敬遠する人が現れないか。そもそも在宅介護中心の施策は国家的な課題に他ならない。遺族を支援してきた高見国生「認知症の人と家族の会」代表は、裁判結果を歓迎するかたわら今後も家族が賠償を求められる可能性があるとして「賠償金を全額公費で救済できるような制度を作ってほしい」と訴えた（2016年3月2日・東京新聞）。

　振り返れば、鉄道事故で遺族となった介護家族が被告で訴えられるという事案だ。一審（名古屋地裁）では故人の妻と長男に、二審（名古屋高裁）では妻に対して損害賠償責任を負わせるというもので、事故から9年、とうとう最高裁判決の日を迎えていた。

　ことの本質はJRと当該家族の個別の問題ではない。判決には老いてなお確かな人権の保障と介護悲劇の歯止めへの法的見解が期待されていた。つまり本

判決は、認知症を在宅で介護する家族にとって満足するものではなかっただけでなく、その答えを避けたといっていい。なぜ介護家族が哭くのかは、いまだ引きずっている。

　企業の社会的責任が問われる昨今だ。「許された危険」と企業の社会的責任の関係はどうか。

　「子育てが終わったら介護が始まった」と、いまや介護のある暮らしは当たり前の時代になった。在宅では「老老介護」(老夫婦、老親＋子、老いた兄弟姉妹などの要介護家庭)、「認認介護」(軽度認知症が重度認知症をみるという要介護家庭) といった世帯も少なくない。

　世帯単位の変化は急速で、東京都では一世帯が1.19人と「2人割れ」を発表して久しい (2012年3月)。ひとによっては「身寄りなし」で介護されるときを迎える。

　長寿は慶賀すべきだが、同時に認知症も身近になっていた。認知症の人は増え続け、分かっているだけで現在のところ認知症高齢者は概ね900万人 (「予備軍」含む)。全国65歳以上の高齢者のうち認知症患者数約462万人 (2012年・厚労省) は高齢者全体の7人に1人という計算だ。

　「夫の症状は家族では面倒をみられないレベル。でも、どこの施設に電話をしてもいっぱいではいれない。もう修羅場でした」

　と語るのは、先頃、夫の最期を自宅で見送ったばかりの都内在住の妻75歳だ。

　認知症のひとを家族が自宅でみるケースは多いが、受け入れ先が少ないことと無関係ではなく「はいれるところがないから」「お金がないから」が深刻になっている。いつまでも「家族の扶養」を求めていては孤立と疲弊しか残らず、家族は八方塞がりの状態になる。

　「在宅」「在宅」と押し込めるばかりでなく、患者と日常的に繋がっている人の把握とその援助こそが、まずは公的責任のすべき役割だった。「恥ずかしい」「隠したい」と語るのは認知症患者を抱える多くの家族だけに、孤立しがちな認知症患者と家族を地域から排除することがないよう寄り添うことの大切さが問われている。「認知症が病気である以上、その暮らしに、素人の家族に、何をどこまで求められましょうか」と家族の会の会員が発した、その言葉の意味は重い。

　あてもなくのたうちまわれというのか。最高裁の忘れものはなにか。

2　少子高齢化、悪いですか

「町から子どもの声が消えた」「デイの送迎バスの方が幼稚園バスより多い」「神輿の担ぎ手がなくてお祭りが中止に」「現役が少ないから将来の年金受給が心配です」といったものもある。さらには「日本の生産力が落ちるから」といって国家介入の「産めよ増やせよ」の再来を期待するのか!?

時代は、確かに少子高齢化＋単身化だ。

世帯単位は縮小し、いまや2人ないし1人が増え、身近にも「サザエさん」のような3世代同居は少なくなった。家族形態の変容、世帯の変遷は著しい。都市と地方の比較では人口の集中と過疎化が生活格差を生み、後者では「買物難民」「医療難民」「交通弱者」などその暮らしぶりは厳しいものがある。

国民生活調査（2016年6月2日現在）によれば、我が国の総世帯数は4,994万5千世帯（熊本県を除く）。世帯構造では「夫婦と未婚の子の世帯」が1,474万4千世帯（全世帯の29.5％）、ついで「単独世帯」1,343万4千世帯（同26.9％）、「夫婦のみ世帯」1,185万世帯（同23.7％）。世帯類型では「高齢者世帯」は1,327万1千世帯（全世帯26.6％）といい、昭和61年が236万2千世帯（全世帯6％）だから5.6倍を数える。さらに「高齢者世帯」をみると「単独」が655万9千世帯（高齢者世帯の49.4％）、「夫婦のみ」が619万6千世帯（同46.7％）。「単独」では男が31.9％で女は68.1％、年齢別では男が65～74歳で35.5％を、女は75～79歳の21.5％が最も多い。

また国勢調査（2016年・総務省）では、我が国の人口は1億2,711万人、2010年比で94万7千人の減少。総人口に占める65歳以上は26.7％、全都道府県で65歳以上人口が15歳未満人口の割合を初めて上回る。

国立社会保障・人口問題研究所が世帯数の将来推計を発表した（2018年1月12日）。2040年には単身世帯が全世帯の39.3％に達する。未婚化の影響で高齢者65歳以上の単身世帯の割合が増えるのが主な要因で、2040年の高齢者の単身世帯は896万世帯と予測する（同年・全世帯数5,076万世帯）。

第Ⅲ章　福祉

　さて、福祉先進国と呼ばれる北欧諸国はどこも1,000万人以下が総人口の国々だ。そこにはキラリと光る小さな国がある。少子高齢化は、悪いのか!?　単身化は、悪いのか!?

　加えて、現代社会は無縁社会だった。
　無縁社会とはNHK取材班の造語で「縁」には「血縁」「地縁」「社縁」の３つがあるといい、いずれも希薄になったと報じた。家族・親戚縁者との付き合いでは「冠婚葬祭」も疎遠になり、近所付き合いでは会話はなく「隣は何をする人ぞ」。会社の縁では終身雇用が崩れ雇用関係もバラバラでは良好な人間関係も難しい。なにより「会社自体の20年後の存続すら分からない」。
　そして、無縁死、孤独死が話題に。「行旅死亡人」と呼ばれ年間３万２千人（全国）がひっそりと誰に看取られることなく死んでいる。現代社会は皮肉にも監視と無縁死が同居していた。「特殊清掃業５年間で1.5倍、家族関係の希薄化背景に」（2018年５月13日・毎日新聞）。部屋の主が残した「明日もまた　生きてやるぞと　米を研ぐ」のメモ書きは誰に何を語るのか。
　なぜ「SOS」を発しなかったのか、発せられなかったのか。それは世間体か、萎縮してか、気兼ねか、お金の心配か。周囲から孤立した日常で、福祉サービスにたどり着か（け）ないままに、ひとり息を引き取っていた。
　周囲は「いまから死ぬので」と自己申告を求めるのか。社会と意識は無関係ではない。「迷惑を掛けたくないから」はどうしてか。「覚悟あってのことでしょ」「それも自己責任だから」という陰口がどこかで聞こえている。自治体の担当者（首都圏）は、ポツリとこういった。
　「ご親族へ連絡をしたら、そちらで処分してくださいといわれましてね」
　「身寄り」があっても亡骸を親族が引き取らないケースもあるという。「野辺送り」は自治体により火葬ののち無縁仏のある寺へと遺骨を段ボール箱に詰め送り届けることで「終わりです」。ようやく肩の荷を下ろすのだという。孤独死は、悪いのか。
　「人生50年から90年」と長寿時代を迎え「介護のある暮らし」も日常になった。ひとは誰もいつまでもピンシャンしていない。老いは誰にもやってくる。「２人だから大丈夫」といえないのは、老老単位はひとり暮らしの予備軍だから。
　生涯未婚も増えている。経済的な理由が原因で「結婚できない」となれば福

祉の関心事だが、そうでなければ単身の老後もライフスタイルにおける選択の自由だ。

　単身世帯は明らかに増えている。「（単身は）煩わしくなくていい」も、それが孤立状態となれば話は別。貧困ゆえの「ひきこもり」が、そして孤立が無縁死、孤独死を誘うことはないのか。無縁死、孤独死の前に無縁介護の状態があり、無縁介護の前には貧困と孤立があった。

　要介護者（要支援）認定者数は629万2千人、うち「居宅」（介護予防ふくむ）サービス受給者数は392万3千人（2017年1月分介護保険事業状況報告・厚労省）。ただしそれはあくまで公的介護保険の認定者数でしかない。申請をしていない人を含めたなら、その実数はどれほどになるのか分からない。

　「在宅介護で家族は倒れられない。だからこそ介護者のケアが急がれる」と一部の専門家はいうが、共倒れを防いで家族介護に依拠し続けることで問題は解決するのか。「介護保険」（公的介護保険制度・2000年より）の理念は、従来の家族依存型をやめて「介護の社会化へ」というものだった。さりとて時間は経つも「家族がない時代」に家族介護への依存は一向に変わらない。公的介護保険は「措置から契約へ」と我が国福祉の基本方針の大転換（「社会福祉基礎構造改革」）の端緒で、それは「買う福祉」の時代の幕開けだった。

　こんなことも、ある。

　「ああ、お父さんがいてくれたら」と、掠れた声で溜息をついた。

　80代のひとり暮らし女性は、切れた電球替えに踏み台を持ち出しヨロヨロしながらもそれを昇った。手が届くのは限りがある。かかとを上げたら音を立て、ドスン。ギクリと鈍い音がした。面食らった。気がつけば床に腰を強く打ちつけ、しばらくは茫然としていたという。それから「独り身は寝たきりになった」。あの日から女性は「やるせない」とふさぎ込んだ。続く空焚きの「鍋こがし」ではあやうく火事を起こすところだった。

　気丈なあまりに起こした「事故」の連続は、昨日までできたことができなくなることを意味する老いの訪れだ。それを認識したなら無理することなく「助けて」でいい。自立とはできる人に頼んでやってもらうことで、また生活難民（化）している人を支援することこそが福祉の視座だった。しかしここでも周囲は「自助努力」「自己責任」から「迷惑をかけたくない」を誘導していないか。

第Ⅲ章　福祉

　自立とは気丈でなく孤立でもない。
　ひとり暮らしの老い事情に詳しい、石川由紀（「ひとりで生きるために、単身者の生活権を検証する会〈略称・単身けん〉」事務局長）に聞いた。
　「──ひとりで生きるとは、技をもつ、情報をもつ、人をもつこと。自立とは○○ができますではない。これは苦手だから誰にお願いするかを考えて仕分けすること。幼い時の自立は、できないことをひとつずつできるように学び身に付けること。老いの自立とは、できなくなっていくことをひとつずつ他者に委ねていくこと。できるだけ多くの人に分担と支援をお願いする。少しずつ迷惑をかけて生きていくこと。多くの人と知り合うこと。顔を合わせること。声をかけること。メール、葉書等活用。ささやかなプレゼントが交わせること。地域デビューすること。まずは担い手になること。覚悟すること。公的支援、共済支援、私的支援の情報を集め、自身の能力と経済力、現実を確認し、すり合わせをして、納得のいく暮らしを創ること」
　いわば生き方上手は頼み上手で地域デビューを面倒くさいと思わない。違いのある人も仲間にする。無理のない範囲で付き合う。日々のアンテナを張っておくことが肝要だ、と石川は強調する。
　近年では、ライフライン業者（ガス、水道、電気など）と自治体の間で「発見」に向けて連携が進み「情報共有」と「プライバシー」がようやく整理されつつある。一部地域では「お節介の復権」「パーソナルサポーター制」「支え合いマップ」など「第４の縁」づくりも模索されるが、地域での見守りの継続は「気が重い」の声も。そこで行政は「地縁」への丸投げではいけない。公的支援の下支えが前提なのは、がらんとした無縁社会の現実を知ったなら当然のことだ。「発見」は大事だが、本来的には「なぜ孤立しているのか」の構造的な問題の所在に着眼の必要がある。
　また、支援は世帯単位ではなく個人が対象でなくてはならない。時代は「個」から「孤」になった。相部屋から個室にみるように、時の流れは気がついたら「家」（いえ）→「個」→「孤」になっていた。
　「最近ではオートロックでお宅に入れないので」と首都圏のベテラン民生委員がこぼしている。１億総孤立時代の到来なのか、この様相は我が国だけのことではないらしい。英国では2018年１月に「孤独担当大臣」が誕生していた。それは「6,000万人国民の900万人が孤独状態だから」と報じている。

3　福祉課題の拡がりと連鎖

　「子ども食堂」が話題だ。いま全国に2,286ヶ所がある（2018年4月・「こども食堂安心・安全向上委員会」調べ）という。家庭の貧困に起因し「食堂」の運営は地域のボランティア団体が担うことが多く、無料や低額で食事提供を通して「居場所を」という孤立防止が目的だ。

　「孤食」は知られるも「飽食の時代」に「食べていない子」が存在するから格差社会と貧困の連鎖はここにも影響していた。単身老人世帯への配食サービスに似るが、こちらは現代の貧困家庭を背景とする。貧困の連鎖が子どもに押し寄せ6人に1人が貧困状態とされる水準で生活をし、すなわち親の貧困が子どもの貧困になることに他ならない。ただし皮肉にも「まだ、ここに来てほしい子がきていない」（都内・あるボランティア）と支援の難しさを告白する。

　「子ども貧困対策の推進に関する法律」（2014年1月施行）は子どもの貧困は社会構造の変化によることの理解にあった。子育て貧困世帯は20年で2倍になっていた。「子ども食堂」も「学習支援」も貧困の連鎖の歯止めに向けた社会事業だが、本質的な解決は貧困そのものの解消で、それは社会保障と雇用にあった。

　ここで、現代の福祉事情を育児と介護の周辺にみてみよう。
　「政治の貧困」は子どもや老人といった「弱いところ」に事態を顕在化させ、そこには待機と虐待という断面に共通する特徴をみせることになった。
　子どもでは、待機児童（保育所不足）と虐待の事実だ。前者では母親の怒りブログ「保育園落ちた、日本死ね」でいよいよ事態の重大さが知られ政治問題化した。待機児童が社会問題化して20年が経つから長年に亘る制度上のバリア（壁）があった。現在、待機児童数は5万5,400人（2017年10月・厚労省）。「児童虐待防止法」（2000年11月施行）では「通報義務」で高リスク家族への支援を謳っている。現代の雇用の不安定は「子育て環境」を直接に揺るがし、社会のひずみが虐待をもたらすという構図だ。児童虐待数は12万2,578件、全国210ヶ所の児童相談所で対応した数字（2016年度・厚労省）が発表される。
　老人では、待機老人（特養不足）と虐待の事実だ。特別養護老人ホームの待機は36万6,100人（2016年4月・厚労省）。在宅介護を余儀なくし家族が仕事を辞める「介護離職者」は毎年新たに10万人が生まれている。老人虐待数では

１万6,836件（在宅施設計・2016年度・厚労省）が報告される。いずれも数字は行政部門で掌握したケースだから実際はその数倍が推測できる。また訪問介護のヘルパーも施設の介護職員も人手不足は深刻で、とくにホームヘルパーでは介護労働安全センター（2016年度・介護労働実態調査）によると55.6％が非正規、平均年齢52.7歳、勤続5.6年平均、月収常勤換算18.7万円平均。「○○さんは入院しました。△△さんはショートステイに行かれました。たとえ利用者さんの具合がよくなっても減収ですから。おかしな話でしょ」（ヘルパー歴20年・女性）。その日の訪問中止も電話一本だ。

「子ども」も「老人」も「虐待防止法」は存在するが法律は手段のひとつに過ぎず、法律があれば虐待はなくなるという単純なものではない。全国ケアマネ調査では「介護殺人、心中危惧55％　家族の疲労強く懸念」（2016年６月28日・毎日新聞）と介護疲れでの殺人が起きてもおかしくない、介護に終わりはないだけに家族依存は限界があることを教える。家族を加害者にしてはならない。施設内の虐待でも、介護の担い手不足がその誘因のひとつといわれてきた。

ある民生委員（都内）が、ゆきづまり感を漂わすと、こう語った。

80代母と60代息子の親子世帯だ。虐待の疑いがあるため、その母がひとりになったときそっと耳打ちした。戻ってきた答えは意外にも「うちのせがれは優しくて、孝行息子ですから。余計なことを言わないで」と話すとそのまま口をつぐんだ。同様に、虐待の疑いある母子世帯の子どもに聴いたときだ。答えは「うちのママは優しいから。大好きだから」と、不機嫌な顔で小走りするとその場を去った。民生委員は「それは、それは、もどかしくて——」と地団駄を踏んでいる。

虐待を「その息子が悪い」「そのママが悪い」といえば、それまでだ。当該の「息子」と「ママ」はむろん悪いが、そうまでさせた背景はなにかを検討してこその対応だから「するはずがない」と高を括ってはいられない。ソーシャルワークは対症療法の連続ではない。制度の貧困が事故を招来しかねない。「軽度きり」とよばれる介護保険での抑制は「予防が声掛けだけになる」と懸念されている。子どもの世界では保育士や幼稚園教諭の、老人では介護士やヘルパーといった専門職の、身分保障と処遇改善こそ急がれた。

ところで、現役世代のいまはどうか。

「せめて、この子をその腕に抱かせてあげたかった。東海地方に住む過労死

で夫を亡くした女性の涙が忘れられない。結婚5年目でようやく授かった女の子。娘のあどけない笑顔もぬくもりも知ることなく夫は逝った。奪われた私の時間の中に、家族とともに過ごす時間も含まれているのだ」(2017年11月22日・毎日新聞東海林智記者)。

「KAROUSHI」と「ブラック企業」は海外にも知られるから聞き捨てならない。「過労死白書」(2017年10月6日)が発表されたが、いまだ「残業＝やる気」とみる経営者がいることが分かった。そもそも「過労死ライン」とはなにか⁉ 言葉通りに解せば「これよりオーバーしたら死ぬよ」との労働時間の目安らしいが、かつて財界が仕掛けた「24時間たたかえますか」に応える悲劇だったことを忘れてはならない。「過労死防止法」(2014年11月施行) ができたとて「心の病」は蔓延し、職場復帰どころか社会復帰も難しくなったケースもある。労働と病気の因果関係をめぐって裁判もしばしば起きている。

「過労死」は何を告発するのか！ 「過労死」も自己責任というのか！

長時間労働、サービス残業、派遣、雇い止め、非正規といった労働形態の実態は「過労死」を誘引した。成果主義の襲来で終身雇用制は崩れ、同時に公的福祉の一部を会社が担う「家族運動会」のような家族福祉・企業福祉はなくなりつつある。

「ワーキングプア」という名の労働者が生まれている。「生活保護は受けていないけど」「働いているけれど苦しい」といった労働事情で、雇用の喪失が住居の喪失に連動するとき「ネットカフェ難民」「ホームレス」という事態にも陥る。

見やれば東京日比谷の「派遣村」で年越しがあったのも遠い話ではない。住所がないと生活保護の申請もできないことから支援団体が「住まいファースト」という理由だ。雇用における正規と非正規の格差解消とは単純に「同一労働同一賃金」では到底解決がつかない、と理解できようか。

非正規2,000万人の7割は年収200万円未満だから「食事回数を減らした」「医者に行けない」。そもそもなぜ「非正規」という身分なのか、なぜいま160万世帯が生活保護受給なのか。

4　「相談すればよかった」

＜自立を求めて孤立になっていなかったか＞と思うのだ。

第Ⅲ章　福祉

「誰かに相談すればよかった」と、母は机に突っ伏すと号泣していた。
娘の制服を買うためにヤミ金融にも手をだしていた。でも「生活保護は受けられなかった」という。千葉県銚子市。2014年9月、母親44歳と長女（当時13歳）の2人暮らしの家庭で起きた事件だ。母親のパート収入で生計を立てるも生活は苦しかった。月1万2,800円の家賃の2年滞納を理由に県営住宅の明け渡しを迫られた強制執行の当日、自宅で寝ていた長女の首を母が絞めた。発見者は立ち退きに訪れた地裁の執行官だった。懲役7年（千葉高裁）。

生活保護申請前の悲劇だった。どうにか辛うじて思い止まることはできなかったのか。

しかし、一部世論はしたり顔で「シングルになったのはあんたの勝手でしょ」「苦しいからってなんで私たちの税金を使うの」と容赦がない。

せめて最後のセーフティネットの生活保護を受けていたらそれは防げたかもしれない。それだけで少なくともケースワーカーに繋がったからだ。

ひとり親世帯が増えている。相対的貧困率が高い日本だ。なかでも子と同居で配偶者のいない「シングルマザー」106万世帯の貧困が目立ち、母子世帯の就労収入平均は年収223万円で、一般世帯は412万円（2015年・総務省）。厚労省もひとり親世帯の8割が母子で非正規が4割を占めると伝えると「子どもにはいつもおにぎりで」「通院はとうてい無理だから」「朝から夜中まで働き詰めで体を壊しました」の声があがった。「シングルマザー」は正社員就労が難しいことからダブルワークを選ぶこともあるが、それでも公務員の平均年収のおよそ3分の1でしかない。

児童扶養手当や養育費では追いつかない。日本のひとり親家庭の貧困率58％と加盟国で最悪（2008年・OECD調べ）と報告され10年が経っている。

ゴミの中から食べ物をあさるばかりが貧困ではない。「絶対的貧困」と「相対的貧困」では、前者は食するものを欲するから「生存そのもの」が危うく、後者は「生活難民」だ。

我が国が「相対的貧困」を公表したのは2009年からで、前年に明るみになった派遣切りや雇い止めの数々が、やがて「生活困窮者自立支援制度」（2015年4月施行）を作らせた。同制度で、これまで生活保護法では救えなかったケースの支援が可能になった。

貧困老人の実態を追う藤田孝典（NPO法人ほっとプラス代表理事）はいう。
「高齢者の貧困が注目されるようになってきた。核家族化が進み、頼れる家

族が少ない。高齢者を支える現役世代の平均年収は下がり続けている。親世代を現役世代が支える余裕はもはやない。(略) 少ない年金は以前から変わらないが、周辺のセーフティネットが弱まってきたため、貧困がより見えやすくなっているのだ。」(2016年1月7日・毎日新聞「瀬戸際の高齢者の貧困」)。

　近年、生活保護の引き下げが実施されている。公的年金でも引き下げ実施で我が国の「国民皆保険」が岐路に立つと懸念される。年金のマクロ経済スライド導入（2004年6月年金制度改革関連法成立）による引き下げで物価変動と併せるという原則が崩れた。賃金格差は年金格差にも及ぶ。国民年金では上限1ヶ月6万5千円だから「切り詰めようもない」。「(国は) とりやすいところからとる」から、いきおい医療・介護の自己負担増にも影響することになる。

　たとえば児童養護施設を出た子どもに待っているのは「アパート探しから」という。ケアの持続性は高齢者や障害者の暮らしにもいえ「自立支援」とは一過性ではないことの認識が必要だ。

　「無料宿泊所」の火災が続いた。生活保護受給者が多く住んでいたという。京浜工業地帯・川崎では簡易宿泊所が「終の住処」になった元・労働者が多く「家族のようで」「コミュニティ」「孤独死しないから」という理由から、もうひとつのセーフティネットになっていた。しかし火事ののち、数ある「宿泊所」は「ビジネスホテル」へと姿を替えたから、次の行き場のない「宿泊所」の住人はどうなるのか。

　ところで、我が国の福祉は申請主義によって始まる。しかしだ。「申請の仕方が分からない」「申請をしたくても」「申請をしたけれど」、そして申請妨害からくる事故や事件が発生しているのはなぜか。なかでも高齢者や障害者の暮らしの周辺で、また生活保護では申請自体をさせないという給付抑制の事件も頻発した。申請を背景に孤独死や介護殺人は枚挙にいとまがない。黙りこくったままでは支援の手は届かない。初めに申請ありきの、申請主義の持つ功罪があった。

　貧困の連鎖にどう歯止めをかけるか！　そこには福祉課題の拡がりと対象の連鎖があった。対象では教育、就労、年金、医療、介護、住まいなど関連する取り組む範囲は広く、関係性は絡み合っている。ひとたび貧困に陥るとそれらへの波紋を否定できず、世帯の社会的な孤立状態を招くだけに看過できない。問題のあぶり出しの作業は必至で、やきもきするばかりではなんら解決にはな

らない。

　「ひきこもり」も家族だけの問題ではない。国は全国で15〜39歳約54万人、40代以上も相当数と推計する。「ひきこもり」もまた高齢化している。「ひきこもり」も「その子の問題だから」ではかたづかないから社会的背景への関心は必須といえる。近年には当事者間による連携も始まり社会参加へ模索も始まっている。

　80代の親が50代の子の面倒をみる「8050問題」や「ヤングケアラー」（家族に要介護者がいるとき家事や介護を18歳未満の子どもが担う）の存在も知られるようになった。それは少子高齢化、共働き、世帯構成の変化の影響によることが分かる。

　なにより長期になれば共倒れや事件事故発生の恐れもあるだけに、ここでは「負の連鎖」を未然に防ぐための手立てが急がれる。「繋ぐ」「繋げる」「孤立しない」「孤立させない」ために、誰が、いつ、何をどうできるのか。

5　差別vs共生

　「そのままでいい。生きていてくれるだけで」
　「生きていていいの」「ねえ、生きていていいの」
　2016年7月26日未明、神奈川県相模原市の「津久井やまゆり園」で発生した殺傷事件は無抵抗の19人の命を奪った。「生きている意味がない」と事件後に発した容疑者の発言には、障害者とその家族をおののかせた。

　それは優生思想による「命の選別」に他ならない。社会的弱者とされる当事者に「生きていていいのですか」といわせる国と社会は明らかに未成熟で、その排除の論理は共生社会とは完全に対峙する。皮肉にも事件は「障害者虐待防止法」（2012年10月）施行からわずか4年後に発生していた。見逃されたサインはなかったか。

　事件の犠牲者となった被害者の名前は伏せられたから、複雑な親心が伝わる。
　「――人間はみな平等である。人種、信条、性別、社会的身分、または門地（家柄）などによって差別されない、と日本国憲法には定められている。しかし、憲法に書かれているから、人間に人権があるのではない。人間だれでも、生まれながらにして人間としての権利がある。たとえ憲法のない国の住民であったにしても、人間としての尊厳がある。だれも人間を抑圧したり、支配し

たりして、尊厳を傷つけることはできない」(鎌田慧編著『人権読本』より)
　ひとのルーツに関わる差別には出自、民族、性別が、のちに学歴、職業、経済、身体、精神、年齢などに顕著にみる。それは身近にはいじめとも通じ、家庭で、学校で、地域で、職場で、しばしば現出する。「非正規」雇用に厚生年金への加入がようやく実現という。就労では雇用形態への差別もある。
　区別と差別は違う。差別は共生の敵だから「命の選別」など到底許されない。「生まれてきていけない命などない」「いらない命などない」から偏見と差別は共生になじまない。福祉の範囲はいまさらながら「ひとの始まりから終わりまで」で、そこに排除の論理はなく、仏頂面はない。「障害者差別解消法」が施行された(2016年4月)。多様性を認めるところから共生社会は始まる。

6　「おしっこ、さっき、いったでしょ、またぁ」

　誰もがみんなゲートボール、みんながみんな「花が好き」ではない。「車イスだけど子どもの授業参観に出たい」「難病だけど大学で勉強したい」は贅沢か。ひとは食べて、排泄して、風呂があればそれでいいのではない。窓なし、光が入らない、狭い、汚いなど劣悪な住環境はADL(日常生活動作)の低下にもなる。文化的に住めているか、文化的な暮らしがあるのか、人の営みへの文化レベルが問われていた。
　「ADL(日常生活動作)からQOL(生活の質)へ」で、満足感、充実感、達成感が伴うことが前提だ。自立には自己選択、自己決定できる要件があってこそ、そのうえで主体的な参加、創造が可能になるが、その実現のために阻害するものは何か。尊厳、人権、平等は普遍的である。福祉とは文化で、「健康で文化的な最低限度の生活を営む権利を有する」は日本国憲法も謳う(第25条)。「文化」(culture)は「耕す」と訳される。

　「おしっこ、さっき、いったでしょ、またぁ」
　下肢が不自由な施設で暮らす94歳女性は要介護4で、トイレはひとりでできない。介助を求めたいけれど「コールを押せない」というから、そこに気兼ね、遠慮、無念はないのか。
　福祉文化の対象は、ひとのライフサイクル全般である。よって生老病死はもとより、ひとの「暮らし」「営み」そのもので、だから「福祉の文化化」「文化

第Ⅲ章　福祉

の福祉化」という所以だ。福祉領域における文化状況はどうかの「福祉の質」が問われる。

そこで制度やシステムは文化的か、がポイントになる。「仕事から帰ったら母のおむつはおしっこでパンパン。もう情けなくて、悲しくて」と帰宅したばかりの息子は目を真っ赤にしている。「うちはほとんどどんぶりですね」と悪気がない。「どんぶりは手間がかからないから」と語るのは、ある介護施設の介護主任だ。そこは「餌場」になっていることがわかる。

ひとは食が足りたらいいのか。いや、これすら十分でないひともいる。「衣、食、住」から「医、職、住」と呼ばれて久しい。

現代福祉の一面を、社会的な孤立、無縁社会、貧困の連鎖など実際例を挙げてきた。すなわち孤立、疎外の状況では自己選択も自己決定も危うい。福祉は画一的ではいけない。それも当事者の視点に立てば当然で、個別性、主体性、継続性から成る。共生の文化をどう構築するか、については既成の制度やシステムのなかで悶々とする人はいないかと、広い視点と人権の眼から共生の福祉文化を追うことになる。「ひとりのお年寄りが死ぬとひとつの図書館が消える」は何を後進に語るのか。

今日も、施設入居者（都内）の高齢者から、こんな声が囁かれる。

「いつだってボール遊びとカラオケでイヤだ」「レクリエーションのプログラムがなくなった」「なにが、ちぃちぃぱっぱだ」「介護予防メニューだからしかたなくやってるの」。また在宅では「散歩に行きたいけど介護保険ではだめっていわれるの。もう一年ソトに出てないの」と。

認知症に文化は不要か？　寝たきりに文化は不要か？　要介護5に文化は不要か？

「映画に行きたい」「買い物に行きたい」「散歩は贅沢でしょうか」。私たちは、障害者や高齢者が「○○をしたい」というとき ＜そこまで求めなくても＞ と

思っていないか!?

『介護と裁判』（岩波書店）の著者・横田一は、こう指摘する。

「――介護福祉士の養成テキストをめくれば、散歩は福祉レクリエーションのひとつにあげられている。余暇（レジャー）であり、しかも『ぜいたく』といわんばかりに。気晴らしである以上、人生の最終コーナーにさしかかった人たちへも、税金・保険料（公助）は投じられないというわけだ。日本の福祉文化には、どうしてこうもゆとりが欠けているのか。ケアはほんらい、ひとをリラックスさせ、心をやわらげ、安どさせるものだ。食事、排泄、入浴の３大介護のほか、買い物、掃除、料理などオーダーは多種多様で、なにを優先するかは本人が決めればよい。しかし、頭からの『ノー』という返事しか用意していないのは、ケアされる側の視点、生活者の思いに分け入って制度設計されていないことの証拠だろう」

もっともだ。まるで「枯れ木に水はあげない」かのようで喜ばしいわけがない。高齢者の２人に１人は健康面で何らかの自覚症状の有訴者で、またその半数は日常生活での支障を訴えている（2013年・厚労省調べ）。やおら老いの衰えは抗えない。眼科では白内障、緑内障、加齢性黄斑変性。耳鼻咽喉科では難聴、嚥下障害。歯科では入れ歯を。髪は薄くなり肩も腰も痛く首も回らない。膝はガクガクから遂に転げた。前立腺肥大や膝痛、骨粗鬆症も。物忘れも認知症も身近になり「○○が痛い」「△△が痛い」が時候の挨拶に続く。都市部では町の整体院はコンビニより多く、「定年になったら医者通い」は決しておかしな仕儀ではなかった。

あなたの大切なひとの死も「自業自得だったから」というのか。病気や障害や老いや貧困も「自らの備えが足りないからだ」と誰がいえよう。病気も、障害も、自己責任ではなく、そこに故意も過失もない。

「おしっこ、さっき、いったでしょ、またぁ」

こんどは別の部屋であの金切り声が聞こえていた。

参考・所収
山口道宏編著『介護漂流』（現代書館、2016年）
星槎大学附属研究センター集録vol.8「福祉文化の創造」

病いや障がいと共に生きる
―― 社会学のレンズを通して ――

細田満和子

はじめに

　超高齢化社会を迎え、多くの方が病いや障がいがある状態で生活を送るようになってきました。患者として生きること、病いと共に生きること、そして患者や病いを持つ人と共に生きることは、私たちにとって喫緊の重要な課題となってきました。本章では、このような現代社会において、「患者」と呼ばれる人々について理解を深めることを目的とします。

　皆さんは、患者というとどのような人々を思い浮かべるでしょうか。例えば、病気で苦しんでいる人、痛みを取り除きたいと思っている人、治りたいと思っている人などが頭に浮かんでくるでしょう。確かにその通りです。でもそれだけでなく、患者と呼ばれる病いや障がいのある人々は、それぞれの思いを抱き、様々な活動をして、この社会の中で生きています。

　私はこれまで患者と呼ばれる方々にインタビューをしたり、患者会の活動を見させていただいたりしてきました。その際に、社会学という道具を主に使ってきました。社会学の特徴を簡単に言うと、当たり前だと思われている常識を疑って、社会に生きる人々の現場に寄り添い、そこでの課題や問題を見出して分析し、課題や問題の解決に向けたヒントを示すことです。こうした経験と知識を背景にしながら、皆さんと共に、多様で豊かな「患者」の世界を、「社会学というレンズ」を通して見ていきたいと思います。

1　患者・障がい者とは何か

1.1　病人役割

　人は病いや障がいを持つようになった時、どのように思い、どのような行為をするでしょうか。それは、自らが身体の痛みや不具合を持つようになったことを思えば、病いを除去し、元通りの健康な身体を取り戻そうとするだろうと

いうことが、容易に想像されます。

　社会学のタルコット・パーソンズは、こうした病いに対する人々の対処の仕方を、病人役割（sick-role）として定式化しました（Parsons 1951=1964）。パーソンズによれば、病気になることは通常の社会的状態からの逸脱であるので、病人は、できるだけすばやく病気を治して通常の状態に戻ることが、社会によって期待されているといいます。この病む人に対して社会的に課せられた規範的な役割が、病人役割です。

　社会から課された病人役割には、２つの権利と２つの義務があります。第１の社会的な役割は、病気であれば通常の社会的役割の責務を免除される権利があるということです。例えば会社員だったら、病気の時に会社を休むことは、業務を怠っているとは見なされず、休むことが正当なこととして許されています。

　第２の役割は、病気を克服して健康を取り戻すためには、自力で回復する義務を免除され、医療専門職による援助を受けられる権利が得られることです。それは、病気になれば、医療機関にかかることになりますが、医療機関は患者が貧困であっても、いかなる疾患を持つ者であっても、等しく門戸を開いているということです。

　そして第３の病人役割は、第１の役割に対応しており、病気であることは通常の社会的役割を遂行できぬ望ましくない状態なので、その状態から回復する義務を負うことです。すなわち、病気で会社を休むにしても、いつまでも休んでいることは許されず、あまりにも休みが長く続けば、もはや一時的とはいえないので、責務を負わない地位に、すなわち退職に追いやられるということです。

　第４は第２の役割と対応しており、回復を援助する医療専門職と協力する義務があることです。医療専門職から指示された薬を飲んだり、リハビリ訓練をしたりすることは、義務として病む人に課せられているのです。

1.2 「障がい者役割」の批判的検討

　パーソンズと同じ社会学の石川准は、上述したパーソンズの病人役割に倣って、皮肉を込めて「障がい者役割」という概念を提示しています。それは、障がい者は「つつましく貧しく」「障がいを克服するために精一杯努力する」ことを周囲から期待されているというものです（石川 1992）。

石川は、障がい者には、愛やヒューマニズムを喚起し触発するようにふるまって、「愛らしくあること」が暗黙のうちに社会から期待されるといいます。そこには、障がい者は同情され、守られるべき憐れな存在であるべきという、この社会で支配的な地位にある健康な人々による前提が隠されているといいます。憐れむべき存在として扱われることは、近代社会において人々が自己意識として持ってきた、自律性や活動性といった価値を内面化する自己像とは相容れないものです。だから、病気で入院している時に、見舞い客から同情されたり憐憫の情を示されたりすることは、病者の誇りを傷つけることになるのです。

このような状況に対して石川は、こうした社会からの役割期待は、障がいのある人々にとって迷惑であるどころか害になる偏見に満ちたものであり、「障がい者役割」を払拭する方向性を示しています。

1.3 規範化された難病

難病というのも、社会から規定されたものです。厚生労働省が補助事業として運営する難病情報センターによると、難病とは、医学的に明確に定義された病気の名称ではなく、いわゆる「不治の病」に対して社会通念として用いられてきた言葉だといいます。社会的通念としての「不治の病」は、治療が難しく、慢性の経過をたどる疾病のことです。そのため、難病であるか否かということは、その時代の医療水準や社会事情によって変化します。

例えば、かつて日本人の生活が貧しかった時代には、赤痢、コレラ、結核などの感染症は「不治の病」でした。その当時は有効な治療法もなく、多くの人命が奪われたという点で、これらの疾病はまぎれもなく難病でした。しかし、その後日本人の生活が豊かになり、公衆衛生の向上、医学の進歩および保健・医療の充実と共に、これらの感染症は、治療法が確立され不治の病ではなくなりました。しかし、治療がむずかしく、慢性の経過をたどる疾病もいまだ存在します。そこでこのような疾病を難病と呼んでいるのです。

1972年10月に厚生省（当時）から出された難病対策要綱において難病は、(1) 原因不明、治療方針未確定であり、かつ、後遺症を残す恐れが少なくない疾病 (2) 経過が慢性にわたり、単に経済的な問題のみならず介護等に著しく人手を要するために家族の負担が重く、また精神的にも負担の大きい疾病、と定義されています。現在の指定難病の条件は、(1) 発病の機構が明らかでなく (2) 治療方法が確立していない (3) 希少な疾患であって (4) 長期の

療養を必要とするもの、という4つの条件に加えて、（5）患者数が本邦において一定の人数（人口の約0.1％程度）に達しないこと、（6）客観的な診断基準（またはそれに準ずるもの）が成立していること、という2つの条件が加わっています。

このような指定難病として、2018年現在、331の疾患が指定難病と認定されています。それらは例えばベーチェット病、多発性硬化症、全身性エリテマトーデス、スモン、再生不良性貧血、混合性結合組織病、サルコイドーシス、原発性免疫不全症候群、筋萎縮性側索硬化症（ALS）などです。そして難病に指定された331疾患の患者に限って、医療や福祉のサービスが無料になったり減額されたりなど特別な条件を受けられることになっています。

しかし逆に言うと、それ以外の疾患は、たとえ原因不明で治療法がなく、慢性の経過をたどり、家族の負担や経済的負担が重くても、特別の医療サービスや福祉サービスを特別な条件で受けられないということです。そこで331疾患に入らないけれど、「不治の病」に苦しんでいるという人も大勢いて、困難な生活を強いられています。

1.4　規範理論の限界と意義

以上のように、病いや障がいを持つ人は、社会の側から特別な意味を付与されてきました。しかし、それが病いや障がいを持つ人それぞれが認識しているリアリティと全く重なるかというと、そうではない事にも気づきます。彼ら／彼女らを社会が期待する「○○あるべき」という姿で、すなわち規範的な役割でとらえることには限界があるのです。

パーソンズは、病む人は病気のために「理性のある人間」ではいられず、「一連の合理的・不合理的な信念や慣行を受け入れやすい」と考えました。そして、「ごく軽い病気の場合は別としても、可能なかぎりやってみても、自らを助けるのには全く不十分な能力しかない」として、医療専門職に従って、素早く回復することが義務付けられる、徹底して受動的存在として扱われると考えていました（Parsons 1951）。

パーソンズがこのように病人役割を定式化した際の視座は、病むということの社会的側面を端的に示していると評価されてきました。しかしそれと同時に、これまでに多くの批判が提出されてきました。

その多くは、パーソンズは外部者の視座を取っている、というものでした。

第Ⅲ章　福祉

　外部者の視座を取るからこそ、病気を通常のあり方とは異なる逸脱と考えてコントロールするという認識であるので、病人を治療・従順に受ける受動的な操作の対象と見なしてしまうというのです。その他にも、感染症や怪我など治療法が確立されている傷病の人だけを対象にしているので、慢性疾患や障がいを持つ人には当てはまらないという批判もありました。治療によって回復し、元の健康状態に戻ることができることが予測される病人には病人役割が当てはまるけれど、慢性の病いなど回復が見込まれない場合や、切断や麻痺など障がいが固定化して残るような場合は、病人役割の射程に入っていないというのです（Szasz and Hollender1956、Strauss et al.1984、Conrad1987、Cockerham1988）。

　確かに、そのような指摘はうなずけるものがあります。しかしながら、パーソンズの病人役割が外部者の視座であるという位置づけは、必ずしもそうとは言い切れない部分もあります。確かにパーソンズの病人役割は、病人というあり方を社会的現象と捉えてその機能とは何かを問う機能主義的論理に貫かれていると考えられています。そしてパーソンズ自身も病人を、社会的役割を遂行できない通常ではない状態にある人（社会的逸脱）として捉えています。そして、病人はすばやく回復して逸脱状態を抜け出し、正常な状態に戻り、再び役割を遂行することを社会的に期待されているといっています（Parsons 1951）。

　この点でパーソンズの見出した病人役割は、社会によって期待された病人としての規範（＝あるべき姿）といえます。しかし、病いや障がいを持つ人々にとっても、こうした規範が内面化されている側面があり、それが大変重要なのです。慢性の病いや障がいを持つ人自身が、病人役割を内面化していることによって、しばしば自分たちを自己否定するような感情を持ってしまうのです。

1.5　規範理論を越えて

　パーソンズは、人がある行為を選択する時には、その人がそれまでに生きてきた社会における価値基準の内面化（internalization）、役割期待（role-expectation）や制裁（sanction）が動機付けとして想定されるといいます（Parsons 1951）。この議論の延長には、規範によって拘束され、社会が要請する態度をとるよう制御されている、過剰にこの社会に束縛された、過社会化された人間像（ホモ・ソシオロジクス）が立てられます（Dahrendorf,R. 1959=1973）。

ただし社会学の潮流においてこうした規範理論の視座は、人は自分にとっての意味を解釈しながら行為するという視座を取る陣営（「意味学派」と呼ばれることがある）から批判も受けています（Berger 1963, Berger and Luckmann 1966, Berger and Kellner 1981）。すなわち、規範理論においては、人は、規範をただ受け容れて反応する存在に過ぎないとしか見なされないが、そうではなくて、人は自らの主観によって状況を判断しているという批判です。内部者の視座の欠如を指摘するパーソンズの病人役割への批判は、こうした議論を下敷きにしています。

　ところで、規範理論が人々の主観を軽視しているという批判に対して、社会学者の坂本は、状況における規範の使用という媒介するものを導入しています。そしてある状況の下で、人がどのように規範に基づき、何をなすべきなのかを決定するのは、すべて社会的に決定されているのではなく、個人が状況の定義に応じてある規範を選択しているのだと反論しています（坂本 1989）。

　このような見方を援用すれば、規範は、状況によってそれぞれの人が主観的に選択するものなのだから、規範理論はある社会集団に属する人々が、当該社会の規範を遵守するかのように、ほとんど迷うことなく選択している現実の一側面を、的確に切り取っているということができます。その集団の人々というのは、その社会において規範を遵守しうる状況にある、あるいは遵守することが自分にとっての利益となると判断する人々です。この考え方は、病者や障がい者のリアリティを把握するのに有効でしょう。

1.6　病者や障がい者のリアリティ

　人々が、社会的規範を、あたかもそのまま受け容れるかのように選択するのは、それまでに蓄えられてきた経験を参照しているからであると考えられます。人は、その都度の体験のうち重要な意味を有するものとして自身によって蓄えられてきた経験に照らし合わせて、目の前にある状況を理解しています。経験には、その人のそれまでのさまざまな体験とそれに対する反省が堆積しているのです。

　私はこれまでに、人生の途中で病いや障がいを持つようになった方々への聴き取りをしてきました。中年期に病いや障がいを持つようになった人々は、健康で効率よく働けるこの社会における多数者として、所与の規範を遵守するかのように選択してきた人々でした。彼ら／彼女らは、病いや障がいを持つよう

になったとき、それまでに蓄えてきた経験を参照し、生命の危機から脱した後は、元のように話せるようになりたい、元のように動けるようになりたいと思い、そのために一生懸命に回復を目指します。これは、彼ら／彼女らにとって、それまでの経験を参照にした極めて当然の行為であり、パーソンズが病人役割で示した姿と重なります。

　病気になった後、回復を目指して病人役割に徹することは、極めて常識的な当たり前のことなのです（Murphy1987=1997:31-32）。この意味で、病人役割は内部者の視座から正当化されうる部分もあります。

　しかしながら、病いや障がいを持つようになった人が、その後の＜生＞を生き抜いている現実を掴み取ろうとすると、パーソンズの病人役割には限界があります。人々は、元の状態を取り戻そうと、リハビリ訓練などをはじめあらゆる試行錯誤を行います。しかし、元のように身体が回復し、元の社会的役割を遂行することが望めないことを知る状況になることがあります。

　この状況は、当初は彼ら／彼女らを、自らのそれまでの経験を参照して、自分がこの社会で生きている価値がなくなってしまったかのような否定的な認識に至らせていました。彼ら／彼女らは自分がそう思うだけでなく、他者からも自分が無価値な人間と見られていると思うようにもなっていました。

　病いや障がいを持ちながら生きることは、「自分の立っている地盤が抜け落ちるような破局の瀬戸際に追いつめられる」（細田 2006）ものとしか解釈しようがない出来事であり、その状況に対しては対処の方法が全く思いつかないのです。

　しかしながら、そのような苦しい状況のなかで、病いや障がいを持ちながら生きるということに、自ら意味を見出し、社会に働きかけて社会的な意味を獲得しようとする人々の営みを見出すことができます。私は、そこに病いや障がいを持つ人のリアリティを見出せると思います（細田 2006）。それは、病いや障がいを持つ人の「生の証」であると思います。以下ではそのような病いや障がいを持つ人々の活動の一端を見ていきたいと思います。

2　「生の証」としての患者の闘い

2.1　ハンセン病と患者会

　今日、さまざまな病気や障がいごとに、それぞれの病気や障がいについて理

解してもらおうとしたり、医療的・社会的サービスの充実を求めたりする患者会があります。こうした患者会の中でも、ハンセン病の患者会は、歴史的にも重要な活動をし、日本におけるハンセン病以外の患者会にも大きな影響を与えてきました。そこでまず、ハンセン病のある方々の活動として、患者会の行ってきたことを概観して見ていきたいと思います。

　ハンセン病はかつて「らい（Leprosy）」と呼ばれ、強制隔離が正当化され、厳しい差別や社会的な偏見が存在しました。それに対して患者たちは反対の声を上げ、様々な活動をしてきました。アメリカにおける中心的な人物は、スタンレー・スタインです。彼は、当時、アメリカでも隔離政策がとられていたために、ルイジアナ州のカービル公衆衛生病院に収容されていました。

　スタンレー・スタインたちは、「らい（Leprosy）」という病名が差別を生むと考え、ノルウェーの医師アルマウェル・ハンセンが病原菌を発見したのにちなんで、「ハンセン病」という呼び名にするように運動をおこしました。そして彼らはこの運動を、自らが発刊に関わった『スター（Star）』という雑誌の中で展開しました。この雑誌は1951年9月24日に創刊されました。配布部数は8,000部で、全米48の州（当時）と、世界30ヶ国で読まれていたといいます。日本にも『スター』は届き、日本の患者に大きな影響を与えました。この雑誌は、2001年10－12月号をもって廃刊となりましたが、ハンセン病の患者運動が雑誌を通して広く展開されたことは、その後の患者会の動きにも大きな影響を与えました。

2.2　日本におけるハンセン病と患者会

　日本におけるハンセン病の患者会としては、全国ハンセン病療養所入所者協議会（全療協）が代表的なものです。全療協は1951年に設立され、当時の会員数は10,914人で平均年齢は42.8歳でした。ちなみに、その後急速に高齢化が進み、2000年の時点では、会員数は4,769人で平均年齢は73.0歳です。ちなみに、2017年で全国に14あるハンセン病療養所には約1,450名の入所者がいて、平均年齢は85歳です。

　全療協の使命は、入所者の生活の質の向上と病気に対する偏見や差別の除去でした（Hosoda 2010b）。そのために、全療協は様々な活動をしました。例えば、「らい」から「ハンセン病」への病名変更、マスメディアの監視（偏見を助長する表現をチェックし、是正を求める）、一般の人に対してハンセン病の

理解を深める、「らい予防法」の廃止を求める（1953年予防法制定。1996年に撤廃）などです。ここでは特に、最後に挙げた「らい予防法」の廃止を求める運動について詳述します。「らい予防法」というのは、戦後の基本的人権の確立、化学療法の飛躍的進歩、また、国際的な開放治療推進の実情があったにもかかわらず、国会という場において、専門医と見なされている医師が隔離の必要性を証言してしまったために制定されてしまったもので、1953年に制定されて以来、患者たちは一貫して廃止を求めてきました。

「らい予防法」では、患者を診察した医師には届け出が義務づけられており、ハンセン病患者の強制収容や懲戒規定が継続され、無条件・無期限の従業禁止や患者に対する厳しい外出制限もありました。さらに、病気が治癒しても退園規定はないので、いったんこの病気になって療養所に収容されたら、一生そこから出られないという仕組みになっていたのです。この患者の人権を無視した、絶対隔離を基本とした管理取り締まりの精神に基づく法律によって、日本におけるハンセン病患者の置かれた状況は過酷と言えるものでした。そこで患者たちが立ち上がり、40年にもわたる長い戦いを続け、1996年にやっと撤廃を勝ち取ったのです。

この長い全療協の活動が成功した理由はいくつかありますが、ここでは2つを挙げたいと思います。1つ目は、患者たちの運動が、ハンセン病の人々のためというだけでなく、病気や障がいによってスティグマ（負の烙印づけ）を負わされた人すべてのための運動だったことです。2つ目は、ハンセン病者や回復者だけでなく、たくさんの人々からの支援を受けていたことです。

このハンセン病を持つ方々の運動も、日本の患者運動史に残る貴重なものとして覚えておく必要があるでしょう。

2.3　アメリカにおける障がい者運動

つぎに、アメリカにおける障がい者運動の最も大きな成果として、「障がいを持つアメリカ人法（ADA：Americans with Disabilities Act of 1990）」を見てみましょう。

ADAは、障がいを持つ人が米国社会に完全に参加できることを保証したもので、1990年に成立しました。この法律の成立に至るまで、障がいを持つ人々は、政治家に掛け合ったり、政治の中心地であるワシントンDCでデモを行ったりしました（Scotch 1984）。当時の映像を見ると、不自由な足を引きずって、

国会議事堂の階段を手で這い登ったり、警官に車椅子から引きずりおろされながらも声を上げ続けたり、みんなの車椅子を鎖で巻いて、国会議事堂を囲んだりする姿が映し出されています。この様な壮絶な戦いを経て、ADAは成立したのです。

ADAでは、私企業雇用主や州政府や地方自治体や雇用斡旋機関や労働組合が、求人手続き、従業員の採用や解雇や昇進、報酬、訓練、およびその他雇用条件および従業員の特典に関して、有資格障がい者を障がいであることを理由に差別することを禁止しています。また、公共施設で行われるプログラムや活動やサービスにおいて、有資格障がい者を差別することも禁止しています。さらに、「公共施設」における「民間事業体」の営業場所で、障がい者の差別を禁止しています。公共施設というのは、銀行、レストラン、スーパーマーケット、ホテル、ショッピングセンター、個人所有のスポーツアリーナ、映画館、個人経営の保育所、学校および大学、会計事務所および保険事務所、弁護士事務所や開業医、博物館、ヘルスクラブなどあらゆるところを指します。

ADAには、今日実効性が低かったり、対象となる人が限られているといった色々な批判もありますが、これによって多くの障がいを持つ人が、自らが生きてゆくための権利を主張しやすくなったと評価されています。

2.4 日本における障がい者運動

海外だけでなく、日本においても当事者による権利を主張する運動は存在しています。1970年代に大きな社会的関心を呼ぶ障がい者運動がありました。その発端は、1970年に横浜市で、2人の障がい児を育てる母親が下の子をエプロンで絞殺するという痛ましい事件でした。地元を中心に、この母親の減刑嘆願運動が起きました。それに対して脳性まひ者の団体「神奈川青い芝の会」は、この母親に対する減刑運動に反対したのでした。

「青い芝」の中心的人物は、横塚晃一氏でした。横塚氏は1935年、埼玉県において、脳性まひで生まれました。「泣きながらでも親不孝を詫びながらでも、親の偏愛をけっ飛ばさねばならない」（横塚）という言葉は、障がい者運動のスローガンとも言えるようなものとなりました。彼は1978年に42歳の若さでがんによって亡くなりましたが、そのカリスマ性は現在も衰えず、障がい者運動のシンボルとなっています。

1981年は国際障がい者年で、日本でも「完全参加と平等」が目標として掲げ

られました。バリアフリーが進み、障がい者の雇用も促進されました。しかし、まだ障がいを持つ人々にとって、社会的な保障は十分でなく、むしろ近年、福祉の後退という現象が起こっているといいます。ここではあまり深く触れませんが、2005年の「自立支援法」の成立によって、これまで無料であったサービスも、原則として自己負担が1割となったり、障がいの種類によってサービスが受けられたり受けられなかったりという「制度の谷間」の問題が生じています。こうした問題は未だ解決がついておらず、今後の障がいを持つ人々の運動と共に、政治や行政の対応に注目してゆくべきでしょう。

2.5 アメリカにおける筋痛性脳脊髄炎／慢性疲労症候群の患者会活動

次は、筋痛性脳脊髄炎／慢性疲労症候群（ME/CFS）の患者会の活動を見てゆきましょう。筋痛性脳脊髄炎（Myalgic Encephalomyelitis: ME）とは、聞きなれない病気であるかもしれませんが、日本では慢性疲労症候群（Chronic Fatigue Syndrome: CFS）として知られています。この病気になると、強い疲労が持続あるいは再発を繰り返し、記憶力／集中力低下、微熱、咽頭痛、筋肉／関節痛、筋力低下、頭痛、睡眠障がいなどの症状が生じます。多くの患者が、通常の日常生活を送れなくなり、寝たきりに近い人もいます。病歴20年という患者も珍しくはありません。

筋痛性脳脊髄炎／慢性疲労症候群（ME/CFS）は、原因が特定されておらず、診断のためのバイオマーカー（血圧や心拍数や血液などの生理学的指標）も見つかっていないため、精神的なものと思われ、患者達は無理解と偏見に苦しみ、社会保障を受ける道も閉ざされてきました。一見して分かる身体障がいの兆候もないので「見えない病気（Invisible Disease）」とも言われています。また、病名に「慢性疲労」とつくことによって、疲労がたまっているだけと思われてしまうこともあります。それで世界中の患者たちは、「慢性疲労症候群」という病名を嫌って、「筋痛性脳脊髄炎」という名前で呼ぼうという運動をしています。

ME/CFSの患者団体は、世界各地にあります。またアメリカだけでも、国、州、地域レベルで多数あります。それらの名前を挙げると、アメリカCFIDS協会、国立CFIDS基金、パンドラ、世界ME/CFS患者同盟、マサチューセッツ州CFIDS/ME & FM協会、バーモント州CFIDS協会などです。

こうした州ごと、都市ごと、地域ごとの患者会は、定期的に例会を開いて、

マサチューセッツ脳損傷者協会の皆さんと。ボストンのブレイントゥリー病院における脳卒中啓発祭りにて

情報交換や悩みの話し合いなどをしています。私がボストン在住の頃（2007-2012）、マサチューセッツの患者会、Mass CFIDS/ME Associationと交流を持つことができ、理事会にも参加させて頂きました。この会の支部のような形になっているいくつかの患者会の例会にも、何度か参加させていただきました。場所は、地域の病院の会議室を、夜や休日などに借りていました。ちなみに、ボストン界隈の地域の病院は、夜や休日など使用していない時間帯に、様々な患者会に部屋を貸しています。ですので、CFSの患者会が行われている部屋の隣では、脳障がいやがんの患者会が行われている、という感じです。

2011年2月に訪れた時には、ちょうどヴァレンタインの時期だったので、会のリーダー（20年以上罹患）は、ピンクや赤のテーブルクロスや飾りつけ、ハート形のクッキーや数々の料理を用意していました。ただし、近年、インターネットの普及で、メールなどで情報交換ができるので、対面的な患者会は縮小傾向にあるとのことでした。しかし、会の方たちは、直接顔を合わせる機会も大事だとおっしゃっていました。

患者会はこのような会員同士の交流だけでなく、会員向けに医療や療養や社会保障に関する情報交換や相談なども行っています。その他にも、一般の人に向けての病気に関する啓蒙活動や、行政や政治家に向けてのアドボカシー活動

第Ⅲ章　福祉

筋痛性脳脊髄炎の会の皆さんと。東京の日本看護協会本部にて

(当事者の権利を擁護するための活動) もしています。また、医療者や医学研究者に向けて、自分たちの病気に対する理解を深め、研究を促進するための働き掛けもしています。

2.6　日本における筋痛性脳脊髄炎／慢性疲労症候群の患者運動

　日本でも、筋痛性脳脊髄炎／慢性疲労症候群 (ME/CFS) の患者会は様々な活動をしています。2010年2月に「慢性疲労症候群をともに考える会」が発足し、この会は2012年6月に「NPO法人筋痛性脳脊髄炎の会」として再スタートを切っています。この会の活動について概略を示してみます。

　まず、この会では病気についてのドキュメンタリー映画『アイ・リメンバー・ミー』の翻訳字幕を付けて、東京を中心に各地で上映会を行っています。また、一般市民を対象とした交流の集いを行い、病気のことを知ってもらおうとしています。さらに、英文で書かれた世界的に信頼されている最新の診断基準や患者情報を翻訳しホームページで公開したり、2017年には独自にドキュメンタリー映画を作成したりして、医療専門職や患者や一般の方々に提供しています。

　その他に、海外や国内から専門医を招聘して勉強会を開催したり、専門医による一般の方々へ向けての講演会やシンポジウムも開催したりして、医学的研究の促進も行っています。

　介護や車椅子の支給などの社会サービスを求めての、行政に対するアドボカシー活動もしています。また、治療法が分かっていない、慢性の病気であるに

もかかわらず、筋痛性脳脊髄炎は「難病」に指定されていないため、特別な医療や福祉のサービスが全く受けられないままなので、その制度の不合理さも訴えています。さらに患者同士の触れ合いの場を提供したり、大学等における医療や福祉系学生などへの講義を行ったりしています。

おわりに

　私たちは何のために学習するのでしょうか。それは現実の「問題」を発見し、「問題」を分析し、「問題」を解決するためではないでしょうか。病いや障がいのある人々の直面する保健医療をめぐる問題は、ミクロ・レベル、メゾ・レベル、マクロ・レベルと横断的にあり、個人、家族、近隣、会社、学校、病院、地域、制度、国家、国際といったあらゆる水準からアプローチが可能であり、逆にあらゆる水準があることを射程に入れないと、問題解決どころか問題発見さえもできないでしょう。

　その際に、徹底的に現場に寄り添い、現場から出発すること、理論と実証を越えて、問題解決のために必要な方法を適宜採用すること、組織的支援、教育、制度、資源配分といった様々な社会的側面から実証的研究を進めることが必要で、そのことによって、よく生きる（well being）、共に生きる（living together）という私たちの関心事への何らかの回答が示せるようになるでしょう。保健医療や福祉に関心のある学生の皆様には、ぜひ、現場に出て、患者といわれる方々（＝病いや障がいと共に生きている当事者）と問題を共有し、解決に向けて広く社会の仕組みを探求してほしいと思います。

参考文献
Berger,Peter.and Kellner,Hansfried, 1981, Sociology Reinterpreted : An Essay on Method and Vocatin, Anchor Press/Doubleday.　森下伸也訳『社会学再考―方法としての解釈』（新曜社、1987年）
細田満和子『脳卒中を生きる意味―病いと障害の社会学』（青海社、2006年）
Miwako Hosoda、2010b, Hansen's Disease Recoverer as a Changing Agent, Leprosy Review, Vol.8, pp.5-16.
細田満和子、2011a「勝ち取った施設から地域への移行〜マサチューセッツ脳障協会の自立生活を求める集団訴訟〜」（ノーマライゼーション, Vol.31, No.8）46−48頁
細田満和子、2011b「患者の連帯で医療を変える〜慢性疲労症候群（CFS）〜」（ノーマライ

ゼーション、Vol.31, No.11）58－60頁
細田満和子「共に生きるということ」（生存科学、2012年）vol.23, A, 99－103頁
細田満和子『グローカル共生社会へのヒント―いのちと健康を守る世界の現場から』（星槎大学出版会、2015年）
石川准『アイデンティティ・ゲーム―生存証明の社会学』（新評論、1992年）
Parsons,Talcott, 1951 The Social System,Free Press.　佐藤勉訳『社会体系論』（青木書店、1974年）
坂本佳鶴恵「行為論への一視角―解釈パラダイム（ゴッフマン・エスノメソドロジー）の可能性をめぐって」（社会学評論、1989年）No.40, Vol.3.
Strauss, Anselm, L.et al. 1984 Chronic Illness and the Quality Life, The C.V.Mos by Company.　南祐子監訳『慢性疾患を生きる―ケアとクオリティ・ライフの接点』（医学書院、1987年）

＊本稿は、「声を上げる患者たち―社会の中で生きるためのしなやかな闘い」（浅見省吾編『死ぬ意味と生きる意味―難病の現場から見る終末医療と命のあり方』〈上智大学出版会、2013年〉255－288頁）、ならびに、「病むことの意味―基層文化からの試論―」（柑本英雄・滝澤雅彦編『祈りと再生のコスモロジー―比較基層文化論序説』〈成文社、2016年〉455－471頁）を基に書き改めたものである。

第Ⅳ章

国　際

この章のガイダンス

　国際社会は均質な文化や制度ではなく、実に多様な文化や制度で成り立っている。しかし残念ながら、現代の国際社会は、様々な戦争・紛争や文化摩擦など、共生とは真逆の分断の現象に満ち溢れている。そうした状況に風穴を開けるために、国際社会に関する共生科学はどのような寄与をなしうるであろうか。総論では、そのための種々の思想やアイディアが紹介されたが、ここでは3名の論者が共生的な国際社会実現のために何が必要かを論じている。

　まず、長らく外交官を務めた大嶋英一は、国際社会において依然として重要なアクターである「国と国の共生」について、近代主権国家と国際法、さらに第二次世界大戦後に発足した国連が、戦争を防ぐためにどのような活動を行ってきたかを論じている。第二次世界大戦後の歩みは決して平坦ではなく、冷戦体制に縛られながら、紛争解決と平和構築のためになされている様々な模索が詳述され、最後の節では、日本が他国、特に中韓との共生関係を持続・発展させるための諸課題が提示されている。

　次に、文化人類学者で、特にベトナム文化に詳しい渋谷節子が、文化を各自が持つ世界観として捉え、身近な例を数多く挙げながら、多文化共生の難しさと可能性について論じている。ここでは、多文化共生は容易にできるものではないにもかかわらず、平和な国際社会のためになぜ不可欠なのかを、平明な叙述から理解して頂ければと思う。

　そして最後に、公共人類学が専門の内尾太一が、多文化共生と現代日本の課題について論じている。ここでは多文化主義の理念と歴史を踏まえながら、日本に住む数多くの「ハーフ（ダブル）」の例やフィリピン人との対話などを基に、日本人と外国人の二分法を超える形での共生社会の道が示唆されている。

　いずれにせよ、「人と国際社会」の共生は、政治と文化の双方に関連する重要なテーマであり、そのための「様々な現状認識と理念と課題」について、これらの論文を基に考えて頂きたく思う。

国と国の共生のための基礎知識
——近代国家、現代の国際社会、日本の課題

大嶋英一

はじめに

　国際社会は国によって構成されており、「国と国の共生」は単なる「人と人の共生」とは趣を異にする。実際に、「国と国の共生」とは、必ずしも仲のよい国家関係を意味せず、たとえ鋭く対立していても戦争をしない状態、つまり平和共存を指すこともある。もちろん平和共存だけでは、理想的な共生的世界とはいえないだろう。

　現代の世界は、一方でグローバリゼーションの進展によりヒト・モノ・カネそして情報が国境を越えて速やかに移動することが可能となって、かつてないほど多くの人が豊かな生活を送れるようになったが、他方で紛争は絶えず、テロは頻発し、膨大な数の難民が発生している。このような状況の中で、どのようにしたら共生的な世界を実現することができるのだろうか？　それを考えるために、本稿では、まず、近代国家の特質と国際法などの基礎知識から出発し、次に、戦争を防止し平和な世界を維持発展させるための努力や、現代の国際社会が抱える課題と国連の対応などについて概観し、最後に日本にとって他国との共生のために重要なことは何かについて触れてみたい。

1　国と国際社会

1.1　国際社会と国内社会の違い
アナーキー（無政府的）な世界
　国際社会は国内社会とは異なる面が多く、国内で通用する"常識"や"規範"が通用しないということがかなり頻繁に起こる。国際社会と国内社会の最も大きな違いは、国際社会には国内社会のような統治機関（広義の政府）は存在しないことである。国内社会では、国家の政策は国会の審議を経て最終的には多数決によって決まる。つまり、仮に反対者がいても多数が賛成すれば決定される。

他方、国際社会には世界政府のような国家より上位の機関が存在しないので通常は国と国との外交交渉によって物事が決まっていく。交渉事であるから一方の国が100点で他方の国が0点というのでは交渉はまとまらない。つまり外交では、一方の国が60点以上、他方の国も60点以上となるような解を見出すことが目的となるが、この点を理解している人は必ずしも多くない。

国際システム

　国際社会の理解をさらに難しくしている大きな要因は、国際社会の主たる構成員が国であるということである。後述するように現代の国家はかなり独特の構造を持った人間の集団であり、そのような国々からなる国際社会での出来事を理解するためには、多くの側面から分析する必要がある。それぞれの国がどのような文化・歴史・政治制度や国内的事情を持っているかといった面からの国レベルの分析のほかに、国家の指導者の性格や思想といった個人レベルの分析も必要となる。さらに、国と国は互いに様々な関係を及ぼし合うことにより、国際社会は単なる国の寄せ集めではない独特の性格を持つようになるので、国際社会をひとつのシステム（国際システムと呼ばれている）とみなして、システムの中での国の行動や制約といったシステムレベルの分析も必要になる[1]。

1.2　近代国家とは何か？
主権国家

　一般に近代国家とはヨーロッパにおいて絶対王政以降発達した主権国家を指し、それ以前の国家とは区別する。ヨーロッパにおいては絶対王政以前の国は、国王の上に教皇がいた。国王になるためには教会の承認が必要で、王国内には王の権威の届かない領域や分野が多くあった。司法についても最終的にはローマ教皇が審判するシステムであった。ところが、16世紀に宗教改革が起こりローマ教皇の権威が動揺してくると諸国間の戦争が頻発し、多くの国が常備軍を置きその維持と戦費の調達のため徴税機関を中心とする統治機構を整備して、国内の統一的支配を強化した。更に自己の支配地域を明確な国境で囲い込み、対外的には君主のみが（主権者として）国を代表する体制を築いた。つまり、絶対王政以降の国は、教皇の支配に服することなく専制君主である王が一切の権限（主権）を握り、官僚と常備軍が国の運営（統治）と安全を担うようになった。このように、主権、領土、領民（永続的に居住する住民）を備えた国を主権国家と呼ぶ。

主権国家の概念はヨーロッパから生まれたが、その後帝国主義の時代を経て全世界に広がり、現代の国家はすべて主権国家である。

主権

主権とは、対内的には領域内での事柄を決定できる絶対的かつ排他的な最上位の権威であり、対外的には他の主権国家と対等である主体性（相手の指図を受けず最終的には自分のことは自分で決めることができること）を指す[2]。

国民国家

主権国家も不変ではない。近代国家はヨーロッパにおいては、フランス革命を経て政治体制は絶対王政から民主主義に変わってきたが、自由と平等を掲げたフランス革命は人々の国民意識を広め、フランス以外の欧州国家にも広がった。このように国民意識を持った市民が構成する主権国家を国民国家という。国民意識の高揚はナショナリズムを生み出し世界に伝搬した。以上の通り、現代の我々にとっては当たり前のことである民主主義や国民意識というものも、実はここ200〜300年ほどの間に形成されてきたことや、これらを巡って戦争が起きてきたこと等を知ることは、現代と将来の国際社会を理解し予想する上で重要である。

1.3 国際法

国際社会にも法があり国際法と言う。国際法には、国家間の慣習に基づく法規範である慣習国際法と国家間の明示的合意である条約がある。慣習国際法はすべての国家を拘束するのに対し、条約は合意した国のみを拘束する。国際法の主体は、かつては国家のみであったが、現代では国際機関や人権等特定の分野では個人も主体となることがある。

このように国際法は、法の制定や法の主体に関し国内法と異なっているが、最も大きな違いは法の執行の側面にある。国内法では、警察や司法機関によって、法の順守と違反の取り締まりが強制的に行われるのに対し、国際社会には警察のような強制力がないため違法行為を取り締まることが困難である。また、国際裁判も原則は国家が合意して初めて裁判が開始される等国内裁判に較べて限界がある上、判決を執行する強制力がないという問題がある[3]。

2 戦争を防ぐための努力

　人類の歴史は、戦争の歴史と言ってよいほどいつでも世界のどこかで戦争が起きている。戦争とは一般には、国と国とが武力を使用して大規模に衝突することを言う[4]。国際法上、現代では、許される戦争は自衛と国連が行う軍事的強制措置に限られるようになったが、以前は、戦争は国家間の問題を解決する最終的手段として違法なものではなかった。

　戦争が違法化されるようになったのは、ナポレオンの時代（19世紀はじめ）に国民を大規模に動員する国民戦争が出現し、さらに兵器技術の発展もあり、戦争犠牲者が莫大な数に上り、国民経済を破壊するなど国家に甚大な被害を及ぼすようになったからである。実際第一次世界大戦では約1,000万人が、第二次世界大戦では戦闘員約2,000万人、非戦闘員約4,000万人が犠牲になったと推定されている。

2.1　国際連盟と集団安全保障

　第一次世界大戦後に設立された国際連盟は、加盟国間の戦争をすべて禁止したわけではないが、戦争に訴えることを制限した[5]。国際連盟が画期的であったのは、戦争を従来のように個々の国同士の争いとして捉えるのではなく、国際社会全体の問題と捉えるという集団安全保障の考えを打ち出したことであった。すなわち、国際連盟規約に違反して戦争した国は、他のすべての連盟加盟国に対し戦争を行うものと見なされ、同国に対し他の連盟加盟国は制裁を課す義務を負ったのである（国際連盟規約第16条）。

　残念なことに国際連盟は第二次世界大戦を防ぐことが出来なかった。国際連盟がうまく機能しなかった要因としては、戦争の違法化が不十分・全会一致制で重要な決定が困難・違反国に対する軍事的制裁が規定されていない・米国の不参加など、が挙げられている。中でも第一次世界大戦後、最強の国家となった米国の不参加で国際連盟の普遍性が損なわれたことは、危機の際に国際連盟が機能できなかった最大の要因だった。また、日本は英仏とともに国際連盟理事国として重要な地位を占めていたにもかかわらず、満洲事変後脱退したことで国際連盟を弱体化させてしまった。

2.2 国際連合（国連）の目的と諸活動

　第二次世界大戦後、国際連盟の反省を踏まえて設立されたのが国際連合（以下国連という）である。国連は、政治・経済・人権・文化・教育など国際関係の多くの側面で大きな役割を果たしている。

　国連の目的は国連憲章第1条に明記されている。それによれば、国連の目的の概要は、第1に国際の平和と安全の維持、第2に（植民地の独立を含む）諸国間の友好関係強化、第3に経済的・社会的・文化的・人道的諸問題の解決のための国際協力、第4に基本的人権と自由の助長のための国際協力、第5にこれらの目的達成に当たり各国の調整の場となること、である。

　国連の原加盟国は51ヶ国であるが、2017年末現在の加盟国は193ヶ国である。加盟していない国はごくわずかで主要国は全て加盟している。日本は1956年に加盟した。また、韓国、北朝鮮の加盟は1991年である。最近では2011年に南スーダンが加盟した。このように国連は国際連盟と異なり極めて普遍性のある国際機関となっており、このことが国連の権威を高め、国連の影響力の源となっている。

　では次に国際の平和と安全に関する国連の制度を述べてみよう。

戦争の違法化徹底

　国連加盟国は、その国際関係において、武力による威嚇または武力の行使を禁じられている（国連憲章第2条4）[6]。例外は自衛（同第51条）の場合と安保理決議に基づく軍事的強制措置（同第42条）に限られ、自衛も「安保理が…必要な措置をとるまでの間」に限られている（同第51条）。

安全保障理事会と拒否権

　国際の安全と平和の維持に関しては、安全保障理事会（以下安保理と称す）と総会が担うが、安保理が一義的な責任を有する。安保理は、第二次世界大戦の戦勝国である五大国（米英仏ソ中）を常任理事国とする15ヶ国で構成され、安保理の決定は全国連加盟国を拘束する。ただし、常任理事国はそれぞれ拒否権を有しており、常任理事国のうち一ヶ国でも反対すれば安保理は決定を下すことができない。本来は五大国の一致により国際平和を維持しようと意図されたものであるが、米ソが対立した冷戦中は拒否権のため機能麻痺に陥ってしまった。

国連軍

　国際連盟規約では軍事的制裁の規定はなかったが、国連憲章には国連が行う

軍事的強制措置とそれを実施する国連軍の規定がある。冷戦の進行により本来の国連軍は結成されず現在に至っている。

3 現実の世界

前述のとおり国連は国際連盟に較べて国際の平和と安全の維持のために集団安全保障のより強力な仕組みを整えたが、国連成立後間もなく米ソの冷戦が始まり国連の集団安全保障は機能しないことが明らかとなった。そのため多くの国は米国かソ連のどちらかと同盟を結ぶという伝統的な方法で自国の安全保障を確保することになった。その結果、世界は西側陣営（米国を中心とする同盟関係にある国家グループ）と東側陣営（ソ連を中心とする同盟関係にある国家グループ）が厳しく対立する時代に入った。同盟自体は国連憲章で認められた集団的自衛権に基づくものであり国際法上違法なものではないが、集団安全保障で国際の平和と安全を維持しようとする国際社会の試みは挫折することになった。

3.1 国連平和維持活動（PKO）と多国籍軍（安保理授権型多国籍軍）[7]

国連の集団安全保障の仕組が機能しない中でも、限定的にせよなんとか国際の平和と安全のために国連が役割を果たそうとする試みから生まれたのが、国連平和維持活動（PKO）である。

PKOとは、国連が紛争地域に軍隊あるいは軍事要員を派遣して中立的立場から平和維持のために行う活動であり、具体的には兵力引き離し、停戦監視、人道支援等を行う。PKOは、紛争当事国の同意の下で派遣され、戦闘は想定されていないという点で国連軍とは大きく異なる。

以上のようなPKOは冷戦期間中であっても米ソが直接対峙しない中東やアフリカの紛争で一定の成果を上げた。冷戦終了後は米ソの対立が消滅したことでPKOはそれまで以上に派遣されるようになったが、冷戦後の国際紛争では内戦や民族紛争が中心となったこともあり従来の平和維持活動に加え、難民保護、人道・復興支援、統治機構建設、紛争予防等を含む平和構築活動を担うようになった。このようなPKOは伝統的なPKO（第一世代PKO）に対して、第二世代PKOと呼ばれている[8]。

安保理授権型多国籍軍とは、安保理決議により授権され国際の平和と安全の

第Ⅳ章　国際

維持及び回復のために活動する複数の国連加盟国の軍隊の総称であり、PKOでは手に負えないような紛争で武力行使を目的として編成される。1991年の湾岸戦争以来多用されるようになった。

多国籍軍はPKO同様国連憲章上明文の規定はなく、またPKOとは異なり国連の統制の下にないことから、元々国連憲章が想定していた「国際の平和と安全の維持」のやり方との乖離が大きい。

3.2　経済と国際関係

国と国の関係を決定づける要因は政治・安全保障だけではない。古来から国と国の間で交易が行われ、それをめぐってしばしば戦争が起きたことからも分かるように、国際関係を決定づける非常に大きな要素として経済がある。現代では、貿易だけでなく投資や金融面での国際間のつながりは極めて緊密になっている。以下では現代の国際経済の仕組や課題等について説明する。

戦後の国際経済体制

戦前の大恐慌とそれに続く通貨切り下げ競争とブロック経済の形成が対立的な世界を生み第二次世界大戦に繋がったとの反省から、戦後国際金融・通貨面で協力をするためにIMF（国際通貨基金：通貨の安定を実現するための機関）及び国際復興開発銀行（戦後の復興資金を提供するための機関：現在では世界銀行と呼ばれる）が設立された。また、自由貿易促進のためにはGATT（関税と貿易に関する一般協定：GATTはその後WTO〈世界貿易機構〉となり現在に至っている）が設立された（ブレトン＝ウッズ体制[9]）。また、米ドルが基軸通貨として国際決済に使用されたが、これは当時米国が圧倒的な経済力を有していたからで、米ドルの価値は金と結びつけられており各国通貨と米ドルの換算も固定されていた（固定相場制）ので、金ドル本位制とも呼ばれた。

しかし、各国の経済が復興し米国の経済力が相対的に落ちてくるとこのような制度の維持は困難となり、1971年には米ドルと金の交換が停止され（ドルショック）、主要国の通貨は変動相場制に移行しブレトン＝ウッズ体制は転換期を迎えた。また同時期に石油危機が起き世界経済が混乱したことから、1975年よりG7サミット（先進七カ国首脳会議）が開催されるようになり、現在に至っている。G7（米、日、独、仏、英、伊、加）は、エネルギー問題、通貨問題、金融政策などその時々の世界が直面する経済問題を話し合う先進国の経済政策調整の場になった[10]。さらに、リーマンショック（2008年）後、世界

経済の牽引役は先進国から中国、インド、豪などの新興国や資源産出国に移行し、もはや先進国だけで世界経済をコントロールできなくなった。これを反映し従来からあったG20財務大臣・中央銀行総裁会議の役割が増大し、G20首脳会議[11]も開催されるようになった。

このように戦後の国際経済体制は変遷を遂げているが、自由貿易を基調とする国際協調体制は基本的に維持されている。

南北問題と南南格差

戦後植民地が続々と独立したものの経済的に自立できない国が多かった。途上国と先進国の経済格差問題は南北問題と呼ばれた。植民地の独立に際しては旧宗主国との間でしばしば紛争となり、折からの東西対立の中で先進国による途上国の搾取といった捉え方もされるなど、両者の対立は非常に先鋭化した。しかし、70年代を通じ産油国と非産油国の格差、工業化に成功した途上国とそれ以外の途上国の格差（南南格差）が生じるにつれ、途上国の貧困を国際経済秩序のせいにする議論は下火になった。

国連と経済開発

もともと経済的・社会的・文化的・人道的問題解決のための国際協力は国連の重要な目的のひとつであるが、植民地が独立して多くの途上国が国連に加盟すると経済社会開発は国連の主要業務のひとつとなった。このため、UNDP（国連開発計画）、UNICEF（国連児童基金）、UNFPA（国連人口基金）、WFP（世界食糧計画）などの国連機関や、WHO（世界保健機関）、UNESCO（国連教育科学文化機関）、ILO（国際労働機関）、世界銀行などの専門機関が連携して開発支援を行ってきている。

国連開発の10年

植民地が続々独立した1960年代初めにケネディ米大統領の提唱にもとづいて、国連は1960年代を「国連開発の10年」と定め、その流れの中で地域開発銀行（ADB、IDA等）が設立された。「開発の10年」はその後4次（計50年間）にわたり続けられたが、先進国と途上国の経済的溝は埋まらなかった。

MDGs[12]

貧困削減を実現するために国連が定めた目標がMDGs（Millennium Development Goals）である。MDGsは、2000年に国連が主催した国連ミレニアム・サミットにおいて2015年までに貧困削減などを実現することで各国首脳が合意したミレニアム宣言に基づき国連が策定したものである。MDGsは、貧

第Ⅳ章 国際

困削減、初等教育の普及、女性の地位向上等の8つの目標、21のターゲット、60の指標からなる。すべてについて100％目標を達成したわけではないが、大きな成果を挙げた。

SDGs[13]

MDGsの後継として2015年国連で作成されたのがSDGs（Sustainable Development Goals）であり、主要テーマは「持続可能な開発（Sustainable Development）」である。SDGsは2030年までに達成すべき17ゴール・169のターゲットを設定している。SDGsがカバーする範囲は、貧困・飢餓・健康・教育・ジェンダー・水・電気・就労・インフラ整備・格差・都市環境・消費と生産・気候変動・漁業・砂漠化・司法アクセスと腐敗撲滅・グローバルパートナーシップなど非常に包括的である。

持続可能な開発目標（SDGs）

3.3 グローバリゼーションとその影響

グローバリゼーションとは通常、ヒト・モノ・カネ・情報が国境を越えて世界中に自由に移動することを指す言葉である[14]。グローバリゼーションは過去においても何度か起きている現象であるが、現在我々が経験しているグローバリゼーションは1989年の冷戦終了後に発生したものである。東西両陣営の対

立が消滅したことにより全世界的に貿易・投資が可能になったからである。また、現代のグローバリゼーションが過去のそれと異なるのは、ICT（通信・情報技術）の発達により国際的な情報伝達が瞬時にかつ非常に安価に可能となったことである。

　グローバリゼーションの結果、全世界の経済活動が活発化し、「国境なき医師団」のような国際NGOの増加、異なる価値観の伝搬等が見られる。グローバリゼーションの結果起きる問題点は、主権国家や国連等の既存の国際組織が直接コントロールできない出来事の増加にある。具体的には、経済秩序のコントロールの困難さや2008年のリーマンショックに見られるような影響の伝搬の早さや広がり、国内外の格差の拡大、国際犯罪や国際テロの広がり、異文化間の摩擦等である。

　冷戦後の紛争の特色としては、国家間の紛争が減り国内紛争の割合が増えテロが激化していること、ISがインターネットを用いて兵士をリクルートしたように国内紛争といってもグローバリゼーションの影響で紛争が国際的に拡散しやすいこと、大量の難民や国内避難民が発生すること等である。

　このような紛争に対し国連をはじめとする国際社会は当初うまく対応できなかった。旧ユーゴ内戦では国連の安全地帯に避難していた約7,000人の住民が連れ去られ処刑され、アフリカのルワンダ紛争では80〜100万人が虐殺された。いずれも国連のPKO部隊が派遣されていたにもかかわらず防ぐことができなかった。

3.4　人間の安全保障と平和構築

　冷戦後の国内紛争で共通しているのは、民衆に大きな負担がかかり、従来の国家安全保障の考え方では、紛争で被害を受ける人々を保護することができないということである。そこで誕生したのが、人々の安全に焦点を当てた「人間の安全保障」という考え方である。人間の安全保障の考えでは、保護と能力強化ということが強調される。保護とは国際社会や国家の規範や制度による住民の保護を指し、能力強化とは住民やコミュニティーが自力で脅威に対応できるように能力を強化することを指す。人間の安全保障は国家安全保障と対立するものではなく相互補完的なものである。

　平和構築とは、紛争終結と再発予防のために平和の基盤を構築することで、冷戦後の紛争に国連が有効に対処できなかった反省を踏まえて具体的にどのよ

うな活動をすればよいか考えられてきた。国内紛争・テロは、特定の民族やグループに対する不公正が長期に継続していることに起因していることが多く、その場合には紛争の根源を断たない限り紛争を一時的に抑え込んでも再発してしまう。紛争の予防や再発を防ぐには、公正な社会の実現が必要であり、人間の安全保障の考え方を基調とした平和構築が重要になってくる。したがって、平和構築活動としては、従来の和平プロセス支援や、停戦監視を主要業務とする平和維持活動のみならず、治安の回復、難民や国内避難民への人道支援、紛争によって荒廃した地域の復興支援・開発支援等を組み合わせることで人々の生活を安定させ、さらに長年の紛争で失われた統治能力の再生・強化や紛争の原因を断つための和解や共存を促す支援を行うことにより矛盾を減らし、紛争の再発を防ぐことが重要になってくる。以前は政治支援と経済支援はバラバラに行われてきたが、平和構築活動では両者は平和構築の重要な構成要素としてリンクしている。

3.5 国連と人権保障

　第二次世界大戦後、人権の尊重が世界的広がりを持つようになった。戦後の国際秩序の原型となった1941年の大西洋憲章では、すべての人々の「恐怖からの解放（freedom from fear）」「欠乏からの解放（freedom from want）」が謳われた。戦後、国連が経済社会理事会の提案を受けて採択した世界人権宣言（1948年）は、法的拘束力はないもののすべての国が達成すべき人権保障の基準を示した。国連はさらに法的拘束力のある国際人権規約を1966年に採択した。国際人権規約は、「経済的、社会的及び文化的権利に関する国際規約」（「社会権規約」または「A規約」と略称）と「市民的及び政治的権利に関する国際規約」（「自由権規約」または「B規約」と略称）の2つからなる[15]。

　このようなすべての人の人権を保障するための条約に加え、国連は更に少数者や弱者の人権を保障するための条約を作成している。具体的には、女子差別撤廃条約、児童の権利条約、人種差別撤廃条約、障害者権利条約等である。

　女子差別撤廃条約は、女子に対するあらゆる差別を撤廃するために、締約国が遅滞なく行動することを求めると共に、政治的、社会的、経済的及び文化的分野における男女平等を実現するために女子の能力開発を確保する措置をとることを求めている。

　児童の権利条約は、児童の基本的人権を保障するだけでなく児童に対して特

別な保護を与えることの必要性を認め、締約国に対しそのための措置をとるよう詳細に規定している。

人種差別撤廃条約は、人種や民族等の違いによるあらゆる形態の差別を、国のみならず個人、集団又は団体によるものも含め撤廃するよう締約国に義務づけている。日本は1995年に同条約に加入した。在日韓国・朝鮮人に対し差別が行われる場合には同条約の対象となる[16]。

障害者権利条約は、障害者の基本的人権の保障と尊厳の尊重促進を目的として作成された。障害者の権利を実現させるために、障害に基づくあらゆる差別を禁止するとともに、障害者が社会に参加し、包容されることを促進する措置などについて詳細に規定している。日本は2014年に条約を批准するに先立ち障害者基本法等の一連の法整備を行った。

なお、近年大きくとり上げられているLGBTについては、国連人権理事会等でとり上げられているものの現時点では各国の足並みが揃っておらず、条約制定の動きには至っていない。

以上の通り戦後人権を保障するための法的整備が行われてきたが、人権の尊重が特に国際的な関心事になったのは、冷戦終了（1989年）以降である。冷戦終了に伴い安全保障をめぐる厳しい対立が解消され、人権を論ずる余裕が生まれてきたからである。先進国はさらに、人権の保障のみならず、民主主義、自由、法の支配等を人類普遍の価値であると主張するようになった[17]。これに対し、中国は「平和、発展、公平、正義、民主、自由は全人類の共通価値である」[18] としつつも、西側諸国の主張する「普遍的価値」が普遍的であることを認めていない[19]。

4　日本と他国との共生のための諸課題

では最後に日本が他国との共生関係を持続・発展させるための諸課題を挙げてみたい。

4.1　ナショナリズムと共生：歴史問題と和解

ナショナリズムとは、民族乃至国民が、国民国家の設立、または設立された国民国家の地位向上を目指す思想や運動を指す[20]。ナショナリズムは国民の統合に欠かせぬ要素と考えられるが、強すぎるナショナリズムは超国家主義あ

第Ⅳ章　国際

るいは国粋主義と呼ばれ、戦争に繋がりかねないことを歴史は示している。実際国粋主義は、自国の文化的/政治的伝統の独自性や優越性を強調するあまり排他的・排外的になり、個人よりも国を重視する全体主義や力を信奉する傾向にある。

　戦争で大きな損害を被った国や、異民族による強圧的支配を受けた民族は、その記憶が長期にわたって受け継がれ、加害国/民族に対し嫌悪感や敵対心を持ち続ける傾向がある。殊に近代国家においては、ナショナリズムの高まりによりそのような国民感情が増幅されたり、逆に批判を受けた国がそれに反発することも多い。このような過去の歴史に起因する国家間の問題を歴史問題と呼ぶ。歴史問題は、戦争犠牲者等の強い感情に基づくものであり、また国家間で同じ歴史的事象に対する認識がしばしば異なることもあり、ナショナリズムと結びつくと非常に解決が困難な国際問題になる。

　歴史問題は世界各地で存在するが、日本に関しては隣国である中国、韓国との間で特に大きな問題となっている[21]。具体的に外交問題となったのは、中韓双方との間では歴史教科書の記述をめぐる問題、靖国神社への総理・閣僚の参拝の問題があり、韓国との間では従軍慰安婦をめぐる問題等がある[22]。

　前述のとおり歴史問題は強い感情に基づく問題であり、これにナショナリズムが絡むと解決が非常に難しくなり、国と国の共生を阻害する要因になる。したがって、国家の指導者は歴史問題でナショナリズムを煽るような言動を慎むべきであり、同時に和解のための地道な努力を行っていくことが求められる。近年中国・韓国のみならず日本においてもナショナリズムが高まる傾向にあり、歴史問題で和解を実現できる状況にないが、本来であれば強い感情を有する戦争や植民地支配の実体験者が減少しつつある現在は、歴史問題を沈静化し和解を図る好機とも言え、そのための方途を模索すべき時期といえよう。

4.2　在日朝鮮人・韓国人とヘイトスピーチ

　在日韓国人・朝鮮人の大部分は、戦前は日本国籍を有し日本に居住していたが、戦後サンフランシスコ平和条約の発効（1952年）に伴い、日本国籍を喪失し、その後も日本に居住している人々またはその子孫である。これらの人達は「特別永住者」として日本に在留しており、歴史的経緯や定住性を考慮して、再入国などで一定の配慮がなされている[23]。

　近年、主として在日韓国人・朝鮮人に対する人種差別的なデモや集会、ネッ

トでの憎悪の煽動などのヘイトスピーチが大きな問題となっている。歴史問題と同様ヘイトスピーチもナショナリズムと結びつきやすい傾向がある。ヘイトスピーチについては、国連からも日本政府に対し有効な規制や処罰がなされていないことに対し是正勧告が出されている。日本は2016年にヘイトスピーチ対策法を制定したが、表現の自由との兼ね合いもあり罰則規定は設けられなかった。人種差別は最も深刻な人権侵害であり、共生的な社会とは相容れないものであるから、われわれはヘイトスピーチを決して許さない社会を築いていかなくてはならない。

4.3 共生的な世界を築くための国際貢献

　共生的な世界を築いていくために日本は国際社会に対しどのような貢献を行ったらよいだろうか。日本は国内に多くの課題を抱えているとはいえ、世界的に見れば、経済力では世界第3位であるし、民主主義が機能し人権が保障されている極めて豊かで安定的な国である。日本は大方の日本人が考える以上に国際社会において大きな影響力を有しているのであり、日本が何を行うか、あるいは何を行わないかによって、世界は一定の影響を受けるということを先ず正しく理解する必要がある。その上で、どのような世界が望ましいのか、そのような世界を実現させるためにどのようなことを日本はやるべきなのかということについて考えなくてはならない。

日本が協力して建設された、島々をつなぐコーズウェイ（2012年キリバスで筆者撮影）

第Ⅳ章　国際

　戦後の日本は戦争の反省の上に、平和主義と国際協調という立場から主として経済協力という形で途上国の経済開発に大きな貢献を果たしてきた。長年にわたる地道な協力は、単に経済発展という点だけでなく途上国の人々の日本や日本人に対する高い評価に繋がっている。また、日本はPKOにも参加しているが危険なところには派遣しない等極めて限定的である。共生的な世界を築くためにはこのような貢献を継続していくべきことは言うまでもないが、それだけでよいのだろうか？　戦後の協調的な国際秩序は日本の発展にとり有利なだけでなく、共生的な世界を築く上でも重要である。しかし、危険なところは他国に任せるというのでは、日本は既存の国際秩序にただ乗りしているといわれても仕方ないだろう。平和主義の下でも国際秩序の安定のために日本がやれることはまだまだあるのではないだろうか？　もしあるとすれば、どのような理念に基づき何をどこまでやるのか等は、日本人一人ひとりが真剣に考えていかなければならない課題である。

注

(1) 分析のレベルに関しては、ジョセフ・ナイ他（2017）69－81頁を参照せよ
(2) 主権については、山影（2012）18－31頁を参照せよ
(3) ただし、国際司法裁判所（ICJ）の判決が履行されない時には、当事国は国連安全保障理事会（安保理）に訴えることができ、安保理は判決を執行するために勧告し、またはとるべき措置を決定することができる（国連憲章第94条2）。しかし、この場合でも安保理常任理事国が当事国であったり、意見が対立したりする場合には判決の執行は困難である
(4) 国際法では戦争と自衛は区別されており、また、全く武力衝突がなくともA国とB国が法的には戦争状態にあるということはあり得るが、本稿では一般的な意味で戦争という語を用いる
(5) 連盟加盟国間の戦争に至るおそれのある紛争については裁判または連盟理事会の審査に付し、その結果が出てから三ヶ月間は戦争に訴えることを禁じた。（国際連盟規約第12条）
(6)「すべての加盟国は、その国際関係において、武力による威嚇又は武力の行使を、いかなる国の領土保全又は政治的独立に対するものも、また、国際連合の目的と両立しない他のいかなる方法によるものも慎まなければならない。」（国連憲章第2条4）
(7) 小松（2011）411頁参照
(8) 冷戦後の国際紛争と平和構築に関しては、後述の「人間の安全保障と平和構築」も参照せよ
(9) IMFと国際復興開発銀行の設立が米国のブレトン=ウッズに於ける会議で決定されたことから、これらの機関を中心とする戦後の国際金融通貨協力体制をブレトン=ウッズ体制と呼ぶが、GATTを含めた戦後の国際経済体制全体をブレトン=ウッズ体制と呼ぶことも多い

(10) 現在では、G 7 は経済問題のみならず政治問題を議論する場にもなっている
(11) G20のメンバーは、G 7 にアルゼンチン、オーストラリア、ブラジル、中国、インド、インドネシア、韓国、メキシコ、ロシア、サウジアラビア、南アフリカ、トルコ、欧州連合・欧州中央銀行を加えた20ヶ国・地域
(12) MDGsの概要については、以下のサイトを参照せよ
http://www.un.org/millenniumgoals/2015_MDG_Report/pdf/MDG%202015%20rev%20（July%201).pdf
(13) SDGsの概要については以下を参照せよ
http://www.mofa.go.jp/mofaj/gaiko/oda/files/000270935.pdf
(14) ジョセフ・ナイはグローバリゼーションとは「世界大の相互依存のネットワークと定義される」とし、グローバリゼーションには経済的なもののみならず、環境的グローバリゼーション、軍事的グローバリゼーション、社会的グローバリゼーションなど様々なものがあるとしている。ジョセフ・ナイ他（2017）340－343頁
(15) 国際人権規約にはさらに「市民的及び政治的権利に関する国際規約の選択議定書」及び「市民的及び政治的権利に関する国際規約の第二選択議定書」がある。日本はA規約とB規約を締約しているが、議定書の締約国にはなっていない
(16) 「人種差別撤廃条約Q&A」外務省
https://www.mofa.go.jp/mofaj/gaiko/jinshu/top.html
後述の「在日朝鮮人・韓国人とヘイトスピーチ」も参照せよ
(17) たとえば、2016年のG7伊勢志摩サミット首脳宣言では、G7は「自由、民主主義、法の支配及び人権の尊重を含む共通の価値及び原則によって導かれるグループとして引き続き結束する。」と述べている
(18) 習近平国家主席の国連演説（2015年9月28日）
(19) たとえば、2016年3月30日付人民日報は、普遍的価値は西側諸国の非西側諸国に対するイデオロギーであるとする学者の意見を掲載している
(20) ナショナリズムの多義性については、山影（2012）97－101頁を参照せよ
(21) 中韓の他に、第二次世界大戦で日本軍の捕虜となった者を中心に、英国やオランダ等でも日本に対する抗議活動が継続されているが、国家間の政治問題にはなっていない
(22) このほかに、戦後70周年を記念して安倍総理が総理談話を発表する際には、談話の内容が従来の日本政府の立場を変更するのではないかとして中韓を始め諸外国から注目された
(23) 在日朝鮮人・韓国人の法的地位等に関する記述は、「人種差別撤廃条約第1回・2回定期報告」（https://www.mofa.go.jp/mofaj/gaiko/jinshu/99/1.html#7）によった

引用・参考文献
Joseph S. Nye, Jr. ; David A. Welch（2017）. Understanding Global Conflict and Cooperation : An Introduction to Theory and History, 10th edition. ジョセフ・S・ナイ・ジュニア、デイヴィッド・A・ウェルチ　田中明彦・村田晃嗣訳『国際紛争　理論と歴史』（原書第10版、有斐閣、2017年）
小松一郎『実践国際法』（信山社、2011年）
山影進『国際関係論講義』（東京大学出版会、2012年）

第Ⅳ章　国際

多文化共生の難しさと可能性

渋谷節子

1　文化について考える

1.1　日本の文化、世界の文化

　「異文化理解」や「多文化共生」について考える前に、まず、「文化」について考えてみよう。皆さんの身近にある「文化」について考えてみて欲しい。
　例えば、「日本の文化」には、どのようなものがあるだろうか？　食文化なら寿司やすき焼き、着る物であれば着物、あるいは、お正月や夏祭りを思い浮かべる方もいるかもしれない。そうした「日本の文化」の、どのような部分が「日本的」なのだろうか？　そして、それらは、他の国にはない、日本に固有のものであろうか？　例えば、すき焼きは醤油と砂糖で甘辛くした味付けがいかにも日本的である。しかし、よく考えてみると、すき焼きで食べる牛肉や豚肉は、いつから日本で食べられていたものなのだろうかという疑問も湧いてくる。もしかしたら、そう古いことではないのかもしれない。また、着物の柄や色遣いにも、独特の「日本らしさ」が感じられるが、そうした「伝統的」な柄や色にも、長い歴史の中で他の国の影響があったかもしれない。そうやって考えてみると、何が日本固有の文化なのか、日本の伝統的な文化とは何なのかという質問に対する答えは、それほど簡単ではないように思えてくる。
　それでは、目を外に向けて、日本以外の国の文化はどうだろうか。行ったことがある国、テレビで見たことのある地域、本で読んだ場所など、どのような所でも構わないので、どこかの国や地域を思い浮かべてみよう。そこの国や地域の文化にはどのようなものがあるだろうか。そして、それはどのように他の国の文化と異なっているだろうか。
　例えば、私自身が長年研究をしている国にベトナムがある。ベトナムにはいろいろと有名なものがあるが、そのひとつが、食べ物のフォーという麺だ。日本でもフォーを食べられるお店があるので、食べたことがある方もいるかもしれない。麺は米粉から作られており、いかにも米の生産量の多いベトナムらしい。スープは肉からとった出汁に塩などで味付けしたシンプルなもので、もや

しなどの野菜と牛肉、鳥肉、あるいは、アヒルの肉を入れて食べるのが一般的である。しかし、ベトナム料理と言えばフォー、フォーと言えばベトナムというぐらい有名なフォーだが、フォーがベトナム固有のものかというと、これもはっきりとそうとは言えないのである。フォーの起源については諸説あってよくわからないが、ラーメンなどの中国料理の麺によく似ている。フォーは米粉からできた麺だが中国でも南部では米粉の麺を食べるそうで、ベトナムは中国の文化的影響を強く受けてきたので、フォーのような食文化にも中国の影響があっても不思議ではない。また、牛肉を入れて食べるようになったのは、フランスによる植民地時代の西洋の食文化の影響だとも言われている。

　また、ベトナムの文化として代表的なものに、伝統衣装である「アオザイ」と呼ばれる女性の衣服がある。体にぴったりとしたスリットの入った長い上着の裾がヒラヒラとして美しく、ベトナム人女性が誇りに思っている衣装である。日本の着物とはかなり異なっており、ベトナムの「伝統的」衣装というのにふさわしいようにも思える。しかし、意外なことに、アオザイが現在の形になったのは、そう古いことではない。ベトナムは暑い国だ。だから、一般的に体にぴったりとした服は暑くて好まれない。アオザイも、元々は現在のように体にぴったりとフィットするものではなく、風を通す、ゆったりとした形だったそうである。では、いつ頃、どのようにして、現在のような形になったのかと言うと、やはり、フランスの植民地だった時代のことと言われている。植民地時代にフランスでデザインを勉強したベトナム人が、現在の形の原型を作った。つまり、ベトナムの「伝統衣装」であるアオザイには、植民地時代のフランスの文化が大きく影響しているのだ。

　このように、いろいろな国の「文化」についてみてみると、それらが現在の形になった背景に様々な歴史があり、外国の文化の影響も受けていることが多い。「文化」というと、私たちは「固定した」ものと考えがちだが、実は、複雑に変化するものなのである。

1.2　文化とは何か

　では、そもそも、「文化」とは何なのだろうか。先ほど、食べ物や衣装の例を出したが、少し考えただけでも、他にもいろいろなものが思いつくことだろう。学校のクラブ活動は「体育系」と「文化系」と呼ばれることがあり、「文化系」には華道や茶道などを始め、音楽や調理、手芸、それに科学に関するも

のなど、実に様々なものが含まれる。それだけ、「文化」は大きい概念だということができる。

　このように大きな概念である「文化」を定義することは、実は、それほど容易なことではない。「文化」の定義を試みた人として、有名な人のひとりにエドワード・タイラーという人がいる。彼は、1871年に出版された『原始文化』の中で、文化を「社会の成員である人によって獲得された知識、信条、芸術、法、道徳、慣習や、そのほかのいろいろな能力や習性を含む複雑な総体」と定義付けた。この定義を見ても、人間が生きて行く中で獲得するたくさんのことが、「文化」に含まれることがわかる。その後も、色々な人が「文化」の定義を試みてきたが、学問の世界で確立した定義というのは未だに存在しない。それだけ、「文化」は広く、複雑なものだということができる。

　私自身は、「文化」を、それぞれの人が持っている「世界観」だと考えている。ひとりの人が生きている世界には、様々なものが含まれる。みなさんも、自分が生活している世界について考えてみて欲しい。例えば、先ほどから出てきた食べるものや着るものの他にも、身の回りにはたくさんの「もの」が存在する。しかし、「文化」は「もの」だけではない。毎日話している言葉も文化なのは言うまでもない。人間関係もその人の世界を作る「文化」だと言える。一緒に暮らしている家族、生活は別にしているけれど、繋がりのある親戚もいることだろう。また、遠くに暮らす親戚よりも、むしろ学校の友達や仕事の同僚などとの方が、親密な人間関係を築いているかもしれない。目に見えないものも「文化」だ。信じていること、大事にしていることなども「文化」だと考えることができる。そうした、様々なものや事柄を含めた全てで、私たちの生活の世界は成り立っている。それが、その人にとっての「文化」だと言うことができるのではないだろうか。

　こうして考えると、「文化」というのは、ひとりひとりの人が持っているものであって、それぞれの人の「文化」は他の人の文化とは少しずつ異なっているということになる。最初に「日本の文化」や「外国の文化」について考えたように、「文化」はしばしば、ある国や民族に属するものとして語られることが多い。しかし、実際には、後ほども論じるように、ある国、あるいは、ある地域の人全てが「共通の文化」を持っていることはない。それほどに、文化というのは、生活に密接に関わっているだけでなく、一人ひとりの人間を形作る大切なものだと言える。

2 多文化共生のための異文化理解

2.1 異文化とは何か？

 「多文化が共生する」上で基本になるのが、「異文化理解」である。ここでは、「異文化理解」について考える前に、まず、「異文化とは何か？」を考えてみよう。「異文化」は文字通り「異なる文化」のことであるが、一般に「異文化」という時、私たちは、「異国」の、つまり、外国の文化のことを思い浮かべるのではないだろうか。「異国情緒」という言葉があるように、「異国」という概念は、何か遠くのものへの憧れやロマンティックな感覚も伴い、「外国」というのは、もっとフラットなものかもしれない。何れにしても、「異文化」というときには、外国、日本人にとっては日本以外の国の文化のことを指していることが多い。「中国の文化」、「アメリカの文化」、それに、国ではなくても海外の地域である「アフリカの文化」は、私たちにとって、異文化であろう。

 しかし、「異なる文化」は「外国」に行かなければならないのだろうか。先に述べたように、「文化」を「その人が生きている世界観」とした場合、「自分と異なる文化」は、身の回りにたくさんないだろうか。カルチャーショックという言葉がある。自分と異なる文化、つまり、異文化と接したときに感じる違和感や驚き、戸惑いなどをさす言葉だが、カルチャーショックは、日本を出て外国に行かなくても感じることがあるだろう。例えば、日本の中で異なる場所に行ったとき。言葉の違いや、考え方の違い、また、特にその土地で暮らしてみると風習の違いなどに戸惑うことがあるかもしれない。場所を移動しなくても、転校や転職で、新しい組織に入ったときにも、その組織の物事のやり方や価値観がそれまでの学校や職場と異なっていてカルチャーショックを受けることがあるかもしれないし、結婚すると、自分が育った家庭と結婚相手の家庭の考え方の違いに驚くことも多々あるだろう。さらには、人間の集団としては最小単位とも考えられる家族の中でさえ、親と子どもでは育った時代の違いから価値観が異なってぶつかり合うこともあり得るし、兄弟姉妹でも、考え方の違いはあるだろう。

 このように考えると、「異文化」は「外国」に限らず、身の回りのどこにでもあるとも言えるのだ。「自分」以外の人は全て「自分ではない」、つまり、「他者」であることを考えれば、当たり前と言えば当たり前のことかもしれない。ただ、地理的な距離が長いほど、文化の差異も大きくなり、「異なる」部

分が大きくなり、それだけ「異文化」を感じる度合いも強くなると言えるだろう。

2.2 文化人類学と異文化理解

　少し専門的な話になるが、私が専門としている文化人類学と異文化理解の関係について、紹介したい。なぜならば、文化人類学は、「異文化を理解する」ことを追求してきた学問と言えるからである。

　文化人類学はアメリカとヨーロッパを中心とした国々で生まれ発展してきた学問で、いくつかの主要な系統に分けられる。その中でも、ここでは、代表的なイギリスの社会人類学（イギリスでは「文化人類学」ではなく「社会人類学」と呼ばれている）とアメリカの文化人類学の発祥について、見てみよう。イギリスの社会人類学の起源は植民地時代にある。それは、イギリスの植民地であったアフリカやアジアへ行ったイギリスの人々が、自国とは大きく異なる社会に接し、その理解を試みたことから始まった。現在のように外国の情報が簡単に手に入る時代ではなく、また、文化のグローバル化も進んでいなかった時代に、イギリスから来た人々の目に、アフリカやアジアの様々な地域の社会や文化が非常に「異なる」ものに写ったことは想像に難くない。イギリスの社会人類学は、こうした「異国」の文化、社会の理解から発展して来た。

　他方、アメリカの文化人類学の発祥は、必ずしも「異国」の文化研究ではなかった。ご存知のように、ヨーロッパから人々が移り住むようになる前のアメリカには先住民の人々が暮らしていた。しかし、白人の入植が進むにつれて、先住民の生活圏は狭まり、その文化の存続も脅かされていった。その状況に危機を覚えた人々（主に白人の学者）が、「失われ行く」先住民の文化を記録しようと試みたのが、アメリカの文化人類学の始まりであった。そのため、アメリカの文化人類学は、外国ではなく、自国のバックヤード（裏庭）の研究から始まったとも言われたりする。

　このように、イギリスの社会人類学とアメリカの文化人類学は、その発生の歴史が大きく異なっている。しかし、いずれも、「自分とは異なる他者」、イギリスの人々にとっては植民地の人々、アメリカの白人にとっては先住民の人々の社会や文化の研究から始まったという点では、「異文化理解」、あるいは、「他者理解」の学問として発展して来たと言えるのである。

　さらに付け加えると、現在では、文化人類学（あるいは社会人類学）は、

もっと複雑になり、自分の国の研究をする研究者もいれば、ヨーロッパやアメリカ以外の出身の研究者が他の国の研究をするなど、様々な「他者」研究がされている。これも、「他者」は身近なところから遠いところまで、どこにでもいるからこそのことであろう。

2.3 異文化理解に向けて

　それでは、「異文化を理解する」とはどのようなことなのだろうか。それを考えるために、「異文化」に接したときになぜ戸惑いや、ときには、嫌悪感を感じるのかを考えてみよう。

　先日、こんな話を聞いた。ある日本人が東京のホテルのラウンジで、ひとりでコーヒーを飲んでいた。ふたり掛けのテーブルの上にはコーヒーカップと水を飲むコップと、それに、水の入ったピッチャーが置かれていたという。そのラウンジではピアノの生演奏が行われており、その人はゆっくりとコーヒーを楽しんでいたそうだ。すると、ひとりの女性がやって来て、空いている前の席に座った。そして、持っていたカバンからおもむろに水筒を取り出すと、その蓋を開けて、テーブルの上のピッチャーの水を注ぎ始めた。水筒がいっぱいになると、その女性はそのまま席を立って行ってしまったらしい。この話をしてくれた当の日本人は、その女性は「中国人だった」と言う。言葉を交わしたわけではないが、身なりや顔つき、持ち物からそう判断したのだろうか。

　さて、この話を聞いて、皆さんはどう思うだろうか。話を聞いた人々（日本人）は、口々にこう言った。「図々しい」「あり得ない！」「マナーが悪い」と。日本を訪ねてくる中国人旅行者のマナーについては、最近、度々その問題を耳にすることでもある。しかし、日本人の多くがその中国人の行動に驚いたり怒りを覚えたりしたのは、その人たちの行動が自分たちの行動とは「異なって」いるからに他ならない。人間というのは、知らないもの、初めて見るもの、そして、異なるものには、もしかしたら本能的にマイナスの感情を持つのではないだろうか。それは、人間が生きていく上で、自分を守る上で、その方が優位であったり、あるいは、必要であったりする故のことかもしれない。しかし、異文化を「理解」するには、まず、このマイナスの感情を乗り越えなければならない。人間は理性を持った生き物でもある。異文化に接して戸惑ったときは、自分の感情は、単に、異なるものに対するマイナスの感情なのではないかと、一度考えて見て欲しい。

また、「異文化を理解する」あるいは「自分と異なる他者を理解する」には、相手の背景を知ることも重要である。その文化がどのような経緯で現在のようなものになったのか、その歴史について考えたり、文化に影響を及ぼしている政治的、経済的、社会的な影響について理解したりすることも意味があるだろう。また、相手の人がどうしてそういう考え方をするのか、なぜそのような行動を取るのか、その人の生きてきた歴史や育った環境、現在置かれている状況を知ることも有用である。それは、相手の「ライフヒストリー」を知ることである。

さらに、「異文化」というと「異なる」ことばかりに目が行きがちであるが、「同じところ」を探すことも、相手の文化や人を理解する上で役に立つ。全人類に共通の普遍的な考え方や価値観があるかどうかは、わからない。しかし、どんな人間同士でも、どこかに共通する部分があるのではないか。そうした共通部分があるからこそ、他人同士でも、また、異なる文化に属する人々でも共感し合うことができるのだと思う。そうした「同じ部分」を手掛かりに、相手を理解することも、「異文化理解」へのひとつの道であると、私は考えている。こうして見てくると、「異文化を理解すること」は「他人を理解すること」を基本としていると言える。

2.4 参与観察という手法

先ほど、文化人類学が「異文化理解」の学問であるという話をした。それでは、文化人類学ではどのような手法で異文化の理解を試みているのだろうか。もっとも中心的で重要な手法は「参与観察」と呼ばれる調査手法である。「参与観察」はイギリスで人類学を学んだポーランド人のブロニスワフ・マリノフスキーによって生み出されたとされる手法で、その名の通り「参加して」「観察」することを指す。具体的には、調査対象の地域に1年半から2年の間暮らし、人々と生活をともにすることで、その人たちの文化、つまり、言葉や習慣、暮らし方や考え方など、彼らの生活や人生を形作るものを理解するという方法である。私自身もベトナム南部で2年弱を過ごし、そのうちの1年弱は村の家に住まわせてもらって、村の人々と生活を共にした。

「参加する」というのは、その人々と同じように生活し、行動することである。つまり、それは「相手の立場になってみる」ことである。もちろん、一緒に生活して行動をしても、例えば、私自身がベトナム人になれるわけではない

し、その場所で農民として一生生きていくわけでもないから、その人たちの気持ちを全て理解できるわけではない。しかし、一度か二度会って聞き取り調査をするだけの調査方法に比べて、自分で実際に体験してみることによって、はるかにたくさんのことを理解できることは確かである。つまり、「異文化を理解する」には、それほどの時間と労力がかかるとも言えるが、この「参与観察」の手法の「相手の立場になってみる」ことは、どのような「異文化理解」においても重要なことだと思う。

3 多文化共生の難しさ

3.1 文化相対主義の考え方

　みなさんは、「文化相対主義」という言葉を聞いたことがあるだろうか。これは、いま紹介した文化人類学で生まれた考え方であり、文字通りに「文化は相対的なものである」とする考え方だが、それだけではわかりにくいので、もう少し説明をしよう。「相対」の反対語はなんだろうか。「絶対」である。つまり、「文化は相対的なものである」というのは、「文化は絶対的ではない」という考え方である。もう少しわかりやすく言うと「いかなる文化も絶対的ではない」、あるいは、「絶対的な文化はない」と言っても良いかもしれない。では、「絶対的ではない」とはどういうことだろうか。それは、「絶対に正しいとは限らない」とか、「絶対に優れているわけではない」ということである。

　世界には、様々な文化がある。そのどれもが「相対的」であって、「絶対的」ではないというのが「文化相対主義」の考え方だ。色々な文化の間にあるのは「違い」だけであって、そこに「優劣」や「正否」はないのである。この考え方に従うと、「自分の文化が正しい」とは言い切れないのである。

　先ほどの、テーブルの上のピッチャーの水を自分の水筒に入れていった中国人らしい女性の話を思い出してみよう。その女性の「文化」では、テーブルの上に置かれている水の入った大きなピッチャーは、だれかのものではない、だれでも使えるものだとされるという可能性はないだろうか。そのヒントになる、ひとつの例を挙げよう。香港のマクドナルドについての研究がある。アメリカの代表的なハンバーガーショップであるマクドナルドが香港に進出したとき、初めは、ハンバーガーなどの食べ物だけでなく、「ファーストフード」という概念や「セルフサービス」というサービスのあり方も「アメリカの文化」とし

て紹介された。すべてを、アメリカのやり方と同じにしたのである。ところが、香港でアメリカのやり方を通そうとすると、色々と不具合が起きたという。まず、注文の仕方。列に並んでカウンターで注文するということを香港の人たちは知らなかった。そのため、最初はお客さんがカウンターの前に殺到してしまうという事態が起きた。これについては、従業員の説明や表示などで、解決できた。

　しかし、ほかにも困ったことが起きた。「セルフサービス」によって人件コストを抑え、安価な食事を提供しているマクドナルドでは、「お客さんが自分でできることは自分でしてもらう」のがポリシーだ。だから、紙ナフキンやストローなどはどこかにまとめて置いておき、お客さんに自分で必要な分だけ持っていってもらう。そうすれば、従業員がいちいち配る手間とコストを省けるからだ。ところが、香港でも同じように紙ナフキンやストローをまとめて置いておいたら、香港の人々は「タダでもらえるものは、好きなだけもらって良い」と考えたらしく、ひとりで大量に持っていってしまう人が続出したらしい。これについては、マクドナルド側がお客さんの習慣に合わせて、カウンターで従業員が一人ひとりに配るように改善することにしたらしい。

　なぜ、香港のマクドナルドの例を紹介したかというと、「だれかのものではない」紙ナフキンやストローは好きなだけ持っていって良いという香港の人々の考え方と、東京のホテルのラウンジでテーブルの上に置かれたピッチャーの水を持っていった中国人らしい人の考え方に、共通するものがあるように思えるからだ。ピッチャーの水を自分の水筒に入れていった女性は、そこに置かれている大きなピッチャーの水は、そのテーブルに座っている人のものだとは考えず、「だれでも好きなだけ持っていって良い」ものだと考えた可能性はないだろうか。もしかしたら、中国ではそれが「当たり前のこと」だったのかもしれない。そう考えれば、この女性の行動はそれほど不思議ではないし、そんなに腹を立てるようなことでもないように思えるのだ。

　このように、自分の文化が絶対とは限らない、相手には相手の文化があり、それは自分の文化と異なっているかもしれないが、どちらかが正しいわけでも、優れているわけでもないというのが「文化相対主義」の考え方である。日本には「郷に入っては郷に従え」という言葉がある。しかし、来日する外国人の数も増加する中、日本とは異なる様々な文化を受け入れる寛容さが私たちにも求められるのではないだろうか。

3.2 文化相対主義の難しさ

　どのような文化も絶対的ではなく、いかなる文化も等しく価値があると考える「文化相対主義」は、重要な考え方だ。しかし、そこには色々な難しさも潜んでいる。例として、日本のイルカ漁について考えてみよう。ここ数年、日本のイルカ漁は、国際社会、特に、欧米諸国の人々からの批判に晒されてきた。その理由は「残酷だ」というものがほとんどであり、日本のイルカ漁が現代の動物の福祉の考え方に反するというものであろう。それに対して、日本の人々、特に、イルカ漁に携わっている人々は、「これは自分たちの固有の文化だ」「自分たちには伝統文化を守る自由（あるいは権利）がある」と反発したのである。彼らの主張は、そう意識していなかったにせよ、まさに「文化相対主義」的な立場に立ったものだった。「絶対的な」、あるいは、「普遍的な」価値や文化はないとする「文化相対主義」の立場に立てば、いかなる文化も守られる価値があることになる。

　もうひとつ、例を挙げてみよう。「人を殺す」ことは、絶対的に悪いことだろうか。世界の中には、ほかの人を殺すことを必ずしも「悪い」と考えない人もいる（正確に言うと、「いた」といった方が良いかもしれない）。例えば、少し前までは、ほかの部族の人と戦い、そのひとりを殺してその首を自分の村に持って帰ることで、一人前の男性として認められるという人々もいたのである。彼らにとっては、戦うことや、敵を殺すことは、「悪い」ことではない。そして、他の部族の人を殺すことで一人前と認められる風習は、その人々にとっての「文化」だと言うことができるだろう。文化相対主義の立場に立てば、この人々がほかの部族の人を殺すことは、彼らの文化として認められることになる。しかし、それは、「人を殺す」ことを認めることにもなるのである。あるいは、テロリストが、自分たちの行為は「自分たちの文化を守るために必要である」と主張したらどうだろうか。さらに、「武器を使って自分の世界を守るのは、自分たちの文化だ」と言ったらどうなのか。

　このように、文化相対主義は、魅力的かつ重要な概念でありながら、突き詰めて考えると、色々な難しさも孕んでいる。特に、今日のように世界の人々の交流が進み、様々な価値観が衝突し合う中、文化は相対的なものなのか、あるいは、全ての人に共通の普遍的な価値があるのかどうかという問題については、よく考えなければならない。

3.3 文化本質主義とその危険性

　世界の様々な文化の共生について考える際に、もうひとつ、考えなければならないことがある。私たちは、よく「日本の文化」とか「アジアの文化」、あるいは、「キリスト教文化」といった言い方をする。例えば、「日本の文化は『和』を大切にする」と言ったり、「キリスト教文化では、人間が自然より優位だと考えている」などといったことは、多くの人が耳にしたことがあるのではないだろうか。先ほど例に挙げた中国人のマナーに関する日本人の反応にも、「日本の文化はこうだ」という、つまり、「日本の文化」というものが存在するという無意識の認識が隠れているように思われる。

　このような考え方を「文化本質主義」と呼ぶ。それぞれの文化に「本質的」なものがあるという考え方だ。「本質的」というのは、「らしさ」と言うこともできるだろう。

　国や、地域や、あるいは宗教に、それぞれ本質的な固有の文化があるという考え方は、いろいろな文化を理解する上で、必ずしも悪いものではない。人間の集団では、「家族」のような小さな集団から、「日本」、さらには、「アジア地域」というような大きな集団まで、その成員が「ある程度」共有している、暗黙のルールや価値観がある。そうでなければ、集団としての秩序を保っていくことができないだろう。そして、その集団に属している人は、そこで生まれ育ったり、そこで生活する中で、そうした共通の価値観を身に付けていく。それが、その家族や、社会や、国、そして地域の「本質的な」文化を形成していると言える。だから、自分とは異なる文化に接したときに、その文化の「本質的な」もの、つまり、その社会を成り立たせている価値観は何なのかを知ることは、その文化を理解する上で、有用であると言えよう。

　しかし、「文化本質主義」には危険が伴う。それは、行きすぎた「文化本質主義」は「共通」である価値観を重視するあまり、ひとつの（それが、家族であれ、国であれ、地域であれ）文化的集団の中の異質性を認めない傾向があるからである。「日本の文化は『和』を大切にする。だから、『和』を乱す人はけしからん」という考え方や、「アメリカの言葉は英語である。だから、アメリカに暮らす全ての人は英語を話すべきだ」という考え方などは、行きすぎた「文化本質主義」だと言えよう。また、一部のキリスト教の国の人々がイスラム教の地域からの移民に対して排他的である背景にも、自分たちの文化はキリスト教文化であり、異質なものは認めたくない、あるいは異質なものによって

乱されたくないという「文化本質主義的」な考えがあるのではないか。「文化本質主義」的な考えはどこの国や地域にもあるものだが、日本でも良く見られるものであろう。

　人間の社会というのは、一定の価値観を共有することによって成り立っている側面もある。しかし、それと同時に、様々な考え方の人がいることによって、初めて機能し豊かになっているものではないだろうか。全く同じ価値観の人が100人集まっても、そこからは、何も新しいものは生まれない。色々な考えの人がいてこそ、様々なものが生み出されていくのであろう。過度に「均質性」を求めることは、社会を豊かにするどころか、その中で暮らす個々の人々を活かせないことになることを、我々は忘れてはならない。

4　多文化共生を目指して

4.1　なぜ多文化共生が重要なのか

　「多文化共存」や「多文化共生」という言葉をよく聞くようになった。しかし、「多文化共生」がなぜ大事なのかは、あまり議論されていないように思う。

　そこで、多文化共生の重要性について考えるためには、多文化が共生できないとどういう問題が起きるかを考えてみると良い。異文化理解について考えたときに、異文化は「異国」や「外国」でなくても、身近なところ、同じ国の中や、ときにはひとつの家族の中にも存在することを述べた。そういった、身近な「異文化」同士が共生できないと、何が起こるだろうか。家族の中であれば、それは、喧嘩やいざこざになり、家庭の不和を引き起こすであろう。同じ国の中であれば、地域間の対立が起き、ときには独立運動が起きたり、内戦になったりすることもあり得る。日本では、地域の文化が異なると言っても、関西と関東の間で紛争が起きたり、例えば沖縄で独立運動が起きたりすることは、少なくとも現時点では考えにくいかもしれない。しかし、世界の中には、同じ国の中で異なる文化を持つ人々が対立したり、その間で紛争が起きたりしている例がたくさんある。

　その中でもよく聞かれるもののひとつが、少数民族による独立運動や武力闘争であろう。例えば、タイ南部にはマレー系の人々が暮らす地域があることを、皆さんはご存知だろうか。タイというと仏教国というイメージがあるかもしれないが、タイ南部で暮らすマレー系の人は、イスラム教徒である。私も2000年

代初めにこの地域を訪れたことがあるが、そこでは、仏教徒のタイ人とイスラム教徒のマレー系の人々は、同じ地域で暮らしてはいるものの、話す言葉も、着ている服も、食べるものも異なっている。レストランも、タイ人が経営するタイ人向けのものと、マレー系の人が経営しマレー系の人が食べに行く店に分かれている。当時、私は仏教徒のタイ人とイスラム教徒のマレー系の人と行動をともにしていたが、仏教徒の経営するレストランでマレー系の人が一緒に食事をしないのを見て、驚いたものである。イスラム教の人は豚を食べないだけでなく、豚を調理する店では食事をしないのだということだった。

　私が訪れたときは、それでもタイ人とマレー系の人々は比較的平和に共存していたが、独立運動をしている人々もいた。そして、その後間もなくして、2004年に武装勢力によるテロ事件を契機に3,000人もの死者を出すほどの紛争も起きた。表面的には平和を保っているようでも、まさに、一触即発の状態だったのである。その後も、それほど大きな衝突ではないものの、小規模の衝突やテロ事件は度々起きている。また、「マレー系」と一言でまとめてしまうことにも問題がある。なぜならば、マレー系の人々の中にも、独立を望む人、マレーシアの一部になることを望む人、タイの中での自治を望む人など、様々な人がいるからである。このように、対立や紛争は「A対B」という単純なものではなく、様々な人々の思惑が複雑に絡み合っているものである。

　同じように、異文化間の紛争が複雑化した例として、シリアの内戦を挙げることができる。シリアの内戦の根っこには、イスラム教のシーア派とスンニ派の対立がある。この内戦はシリアでは少数派であるシーア派のアサド政権に対して、多数派であるスンニ派の人々が2011年に行った平和的デモに端を発したと言われている。デモを政権が弾圧したことにより、反体制派の人々のデモは武力闘争へと変化していき、さらに、それを周辺のスンニ派の国々が支援することにより、内戦へと拡大していった。そして、アメリカ、ヨーロッパ、ロシアなどの国々がそれぞれの思惑を持って関わることで、複雑化していったと言える。ここでは、タイとシリアを例として挙げたが、このように異なる文化が共生できないと、様々な対立や紛争が起きる。

　では、対立や紛争はなぜ問題なのか。それは、2003年のタイのテロ事件で3,000人もの死者が出たことや、シリアの紛争で2017年までに50万人もの死者と500万人にも及ぶ難民が出ていることからもわかるように、紛争は、人々が安全に安心して暮らすことを阻むからである。シリアから大量に国外に逃げた

難民たちのことを考えてみよう。彼らは、それまで生活していた土地も財産も国も捨てて、知らない土地へ逃げなければならなかった。例えば、ヨーロッパへ逃げた人々は、安住の地を見つけた人もいる一方で、そこで異文化であるイスラム教の人々をよく思わない、ときには脅威に感じる人々からの偏見に晒されている人もいる。日本でも「移民や難民を受け入れると、治安が悪くなる」という意見がよく聞かれる。ここでも、異文化の人が自分の国に来ることへの不安が見て取れ、異文化の共生の難しさが垣間見えるのである。

　自分の住んでいた国や地域で安全に暮らすことができなくなって国外に逃れた人々は、ほかの国や地域に行ったからといって、そこで安全に安心して暮らせる保証がないのが、残念ながら、現在の世界である。

4.2 「人間の安全保障」と多文化共生

　このように、多文化共生ができないと、紛争や戦争が起き、安全で安心な生活をできない人が大量に出ることになることが、最も大きな問題だと言える。「人間の安全保障」という言葉を聞いたことがあるだろうか。これは、「人びと一人ひとりに焦点を当て、その安全を最優先するとともに、人びと自らが安全と発展を推進することを重視する考え方」（緒方貞子）である。それは、従来の国家安全保障では守りきれない、一人ひとりの人間の安全を保障するための概念であり、教育、医療、貧困問題、経済開発など、様々な分野で実践が試みられてきた。そして、そこでは、「恐怖からの自由」と「欠乏からの自由」という２つの自由が重要な構成要素となっていると、政治学者で「難民を助ける会」の理事長である長は述べている（長 2012）。しかし、紛争が、いかなる人間にも保障されるべきこの２つの自由を奪うことは、明らかであろう。紛争は、国家だけでなく「人間」の安全を脅かす最大の脅威であると言える。

　「人間の安全保障」の概念にあるとおり、いかなる人にも、安全に安心して暮らす権利があると、私は考えている。しかし、タイやシリアの例で見たように、異文化が共生できず、対立や紛争が起きると、この権利が脅かされることになる。世界の人々が安全に安心して暮らし、豊かな人生を送るには、異なる文化を理解し、多様な文化が共生できる世界を作ることが必至なのである。そして、それは、本章で論じてきた異文化理解を一人ひとりの人間が日々の生活の中で実践していくことで、初めて可能になるものであろう。

第Ⅳ章　国際

引用文献
長有紀枝『入門 人間の安全保障』（中公新書、2012年）
Tylor, Edward. 1871. Primitive culture: researches into the development of mythology, philosophy, religion, art, and custom. London: J. Murray.『原始文化―神話・哲学・宗教・言語・芸能・風習に関する研究』（誠信書房、1962年）

多文化共生と現代日本での課題

内尾太一

　本稿では、多様な人々が同一の社会空間において、共生・共存していくための考え方について紹介しながら課題を提起してみたいと思います。

1　はじめに——文化的他者への認識

　まず、「自分」という人間を意識してみてください。この日本語の文章を理解できている、ということは、日本で生まれ育っている方が大多数だと思います。そして、この教科書を手にとっている、ということは、日本社会の多様化に関心を持っている方だと推察します。

　では、その「自分」に外国籍の友人や知人はいるでしょうか。その人との生活様式や価値観の違いを感じたことはありますか。またそのとき、翻って、自身の常識を省みた、という経験はないでしょうか。こうした、差異を感じる他者との出会い、それを通じた自己の発見、そして、その両者の関係のあり方は、本章の内容を学ぶ上で必要な思考の基礎をなします。

　今し方、「自分」と他者の差異に関する経験を振り返ってもらいました。具体的に思い出した相手が、どこの国の人であれ、それぞれに名前があり、唯一の身体と性格をもつ、個人だったはずです。

　私たちは、そうした個人と、彼／彼女が属する集団（典型的には、〇〇人）を、完全には同一視できない、ということを理性ではわかっている、と思います。たとえ、「自分」が日本国籍を所有していたとしても、「日本人」を代表しているわけではないのと同じように。

　しかし、ここまで前提としてきた自律的な個人は、実際には、様々な社会関係に絡め取られる形で、自他を集団に位置付けながら、日々の生活を送っています。こうして、「我々」「彼ら」が成立する次元になると、「文化」という概念が、両者を分かつ明確な境界線となって現れてきます。

　このような人間の認識枠組みは、もはや制御不能のようにも思えます。しかし、それでもなお、それを放置すべきでない現実的理由があります。なぜなら、

冒頭でも述べたように、その文化的差異への認識が、差別や暴力を生み出す原因にもなっているからです。

「文化」は、大抵、価値観や生活様式の総体を意味しますが、見知らぬ他者を識別する上での、強力な概念装置でもあります。初対面の外国籍の人を、「○○人」のフィルターにかけることで、その人物の考えや行動が予測し易くなります。ただし、それは、前述の通り、ある種の偏見を伴います。例えば、「日本人」にタグ付けられた「勤勉」「礼儀正しい」「時間を守る」といった文化的性向を、その全員が体現できているでしょうか。とはいえ、そのイメージがあるからこそ、その「文化」で美徳とされる振る舞いを、自ら身に付けようとすることもできます。

そのように考えると、私たちは、認識上の「文化」とは、上手に付き合っていこうとするのが、ひとまず現実的な道筋なのかもしれません。そこで、現代日本においてキーワードとなっているのが、多文化共生です。

本章では、まず、多文化共生の基盤にある考え方を、掘り下げていきたいと思います。英語で書かれた関連文献に幾つか目を通してみると、Tabunka Kyōseiというアルファベットとともに、"Japanese Version of Multiculturalism"や"Japanese Multiculturalism"と紹介されているものがあります。このマルチカルチュラリズムは、逆に日本語では、「多文化主義」と訳されます。この考え方について、ここからは学んでいきましょう。

2　多文化主義の理念と小史

まず、多文化主義とは何でしょうか。日本大百科全書によると、「異なる民族（エスニック集団を含む）の文化を等しく尊重し、異なる民族の共存を積極的に図っていこうとする思想、運動、政策」と定義されています。

それは、グローバルな現代よりも前に遡って、多くのエスニック・マイノリティ（少数派）やさらには国家によって実践されてきた歴史的現実であり、異なる文化的集団が同一の社会空間において共存していくための理論的蓄積だといえます。

それでは、その歴史をごく簡単に紐解いてみましょう。本章では、1960年代のアメリカ合衆国へと遡りたいと思います。それまでのアメリカは、20世紀前半の南欧や東欧からの移民（つまり、同じ白人）との社会統合がある程度成功

していたものの、黒人（アフリカ系アメリカ人）やアジア系移民への差別が残っていました。この人種間の壁の克服が、今日まで続く多文化主義の課題であり、その出発点であったとされています。そして当時、隆盛していたのが、黒人解放運動家のキング牧師の主導による、公民権運動です。その運動の結果、1964年に公民権法が制定され、人種差別は法律で禁止されるようになりました。しかし、1968年、キング牧師は、貧困層出身の白人男性によって、暗殺されてしまいます。この一連の経緯から、異なる人種間の共生が、法の整備だけでは実現せず、現実の貧富の格差や、その社会構造の中で生きる人間の心の問題だということがわかります。

　加えて、その後、根強く続くレイシズム（人種差別主義）は、肌の色や毛髪の質のような人間の生物学的特徴だけではなく、生活様式や価値観、つまり文化の差異をその範疇に含むようになります。身体的差異を基調としていた人種が、文化とより密接に貼り合わされることによって、今日的な意味でのレイシズムは、きわめて広範囲の差別や嫌悪意識を意味するようになりました。

　実際、特定の人種に対する偏見は、その見た目だけが原因とはなりません。併せて、その居住地域の環境や、仕事における怠慢な態度、家族崩壊の放置、社会支援への過度な依存などが、ネガティブなイメージを構成していきます。

　多文化主義は、このような広義のレイシズムに対抗しようとします。既に述べた通り、それは、異なる文化をもつ集団同士が、その独自性を認めつつ、対等な立場で扱われるべきだ、という理念だからです。

　そして、1970年代には、カナダやオーストラリアなどでも、それが国是として認められ、その後、程度は異なれども、様々な国家に広がっていきました。日本に「多文化共生」として定着するのは、2000年代半ば以降のことです。

　そしてそうした考え方は、徐々にアジアにも伝播するようになります。では次に、そうした背景を踏まえつつ日本の多文化共生について共に考えていきましょう。

3　日本での多文化共生

3.1　その展開と課題

　まず、この「多文化共生」という言葉は、1995年の阪神淡路大震災の際、外国人支援ボランティアや活動家の議論を通じて広められたと考えられています。

第Ⅳ章　国際

　その後の約10年で、日本各地で外国人住民が大きく増えたこともあり、総務省は、2006年に「多文化共生の推進に関する研究会」を立ち上げました。同研究会は「地域における多文化共生」を、「国籍や民族などの異なる人々が、互いの文化的ちがいを認め合い、対等な関係を築こうとしながら、地域社会の構成員として共に生きていくこと」と定義しています。これを一読すれば、本章で紹介した多文化主義の定義と、重なり合う部分も多いことがわかります。そして、今日では、多くの自治体のホームページで、この多文化共生が掲げられています。試しに、自分の住む都道府県名で検索してみるとよいでしょう。
　このように、日本でも、西洋の多文化主義を手本に、エスニック・マイノリティと共に生きるための社会づくりが始まっています。しかし、その道のりは当然、容易いものではありません。まずは、そもそも、多文化主義的な考え方は、日本の社会的土壌に根付くのかどうか、を問うていきたいと思います。
　本稿で登場したアメリカをはじめとする欧米諸国の多文化主義との比較において、日本の場合、「集団主義」と「民族的同質性」が、その阻害要因としてしばしば言及されます。これらの要素は、西洋の個人主義や国民の民族的多様性と対置され、日本人論（日本文化論）でも、繰り返し紹介されてきたものでもあります。それらは、かつての日本の経済成長を説明するために用いられ、「日本人」の一体感をより強固なものにしてきました。その国民性の真偽はさておき、そうした言説が、外国人住民が増加中の日本社会に浸透することで、今度は多文化主義の適用を制限する方向へ転じているといえます。
　関連して、日本近代史を専門とするテッサ・モーリス＝スズキは、現代日本の多文化主義を「コスメティック・マルチカルチュラリズム」（うわべの多文化主義）と評しました。日本社会において、文化や人々の多様性が良きものとして認められるのは、それが「厳格な条件に叶う場合のみに限る」、というのがモーリス＝スズキの主張です。その厳格な条件とは次の4つとなっています。第一に政治や平凡な日常の世界とは切り離された、審美的な枠組みとしての「文化」に収容可能であるということ、第二に特定の管理可能な形態かあるいは空間に展示されるものに限られるということ、第三に既存の制度の構造的改変を迫らない、基本的に外面的な装飾の形態にとどまるということ、第四に外見上「異質な」人間にとっては、自分が日本への忠誠心を目に見える形で示すこと、が挙げられています。ただ、モーリス＝スズキは、この「コスメティック・マルチカルチュラリズム」は、完全に否定されるべきものではなく、過渡

期にある多文化主義の一形態だと捉えています（モーリス＝スズキ2002：154−155）。

3.2　日本人／外国人の二分法を超えて

　ここからの内容は、未来の多文化共生に向けた試論です。その前に少し、本章の冒頭から前半までを思い出してみてください。そこでは、文化や人種で人間を判別する認識に対して、やや慎重な態度をとってきました。

　そして、現代日本の多文化共生は、というと、専ら「日本人」と「外国人」の関係が議論の対象となっています。そこでの「日本人」は、日本文化や、日本語、日本国籍と紐付いていて、一方「外国人」には、異文化や、外国語、外国籍が結びつけられています。つまり、異質な他者同士という前提に立った上で、共生の議論が進められているのです。そこでの主題は、「我々日本人」が「彼ら外国人」をどう受け入れるか、ということになります。これでは、本来乗り越えるべき差異を、逆に強調してしまっているようにもみえます。

　また、この図式は大変明快である分、多様な社会のリアリティを捉え損なう恐れもあります。具体的にそれは、これら二つのカテゴリーが重なり合うところにいる人々の存在です。幼い頃を海外で過ごした帰国子女や、日本で生まれ育った外国人、帰化者（国籍ベースで考えると、例えば、ナイジェリア出身のタレント、ボビー・オロゴンさんは日本人です）は、上記の日本人／外国人の二分法で割り切ることができません。

　そして中でも、国際結婚で生まれた「ハーフ（ダブル）」の人々は、その存在感を増しているといえます。ここではまず、その人口に関する幾つかのデータをみていきましょう。

　厚生労働省の人口動態統計によると、日本における国際結婚の件数は、1965年には、全体の0.4%でした。その数字は、2006年に6.1%とピークを記録した後、2012年まで減少に転じましたが、それからまた微増を続け、2016年に3.4%となっています。

　同統計の出生数をみると、2000年に入ってから2016年まで、父母の一方が外国籍の親から生まれた子どもは、全体の1.9から2.2%で推移しています。毎年50人に１人の割合で、「ハーフ」が生まれていることになります。また、そうした人々が成人し、仮にエスニック・マジョリティの日本人と結婚したら、産まれてくる子どもは、「クォーター」ということになります。

第IV章　国際

　対照的に、日本の人口減少の直接的原因である死亡者数は、2016年に初めて130万人を超えました。国際結婚が一般的でなかった時代に生まれた高齢者がその大多数を占めていることに鑑みれば、少しずつ人種の入れ替わりが進んでいるともいえるでしょう。

　また、同年の在留外国人数は、238万人と過去最多を記録しています。加えて、2018年には、日本政府が、建設や農業、宿泊、介護などの分野での深刻な人手不足を解消するべく、外国人の「単純労働者」を受け入れていく方針を発表しました。その中から、日本で結婚して新たな家族をつくる人も出てくることでしょう。社会の多様化が本格化していくのは、これからなのかもしれません。

　ただし、こうした数字を目で追うよりも今ここで大切なことは、当事者である多様な人種的、文化的背景をもつ日本人の経験を学び知ることです。さらには、日本社会の中心にいる、人種＝文化＝言語＝国籍が一致した「日本人」という想像の共同体と、異質な他者としてその周縁に置かれる「外国人」の表象を、問い直していくことだといえます。

　その目的に近づくためにも、本章の最後に、ひとりの「ハーフ」の若者のライフストーリーをみていきましょう。

3.3　ラファエルの物語

　その母、ローリー・リゴンは、フィリピン人として1990年に日本にやってきました。マニラ出身で、大学も卒業していましたが、自国では仕事に恵まれず、日本人男性と結婚していた実の姉の住む東京を訪ねることにしたのです。ローリーの最初の職場となったのが、浅草のスナックでした。落ち着いた雰囲気の小さなお店で、マスターも優しい人柄でした。20代半ばだったローリーは、そこである年上の日本人男性と特別な出会いをします。そして、1995年に、その相手との間に男の子が産まれます。ローリーは、その子にラファエルと名付けました。しかし、日本人男性側の事情により、2人が結婚することはなく、ラファエルも彼の実子として認知されることはありませんでした。

　婚外子として生まれてきたラファエル・リゴンには、フィリピン国籍が与えられ、本人も3歳になるまでフィリピンの親戚の下で育てられました。その間、ローリーは日本で働き、養育費の仕送りを続けていました。母子が東京で一緒に暮らすようになってから、ラファエルは台東区の幼稚園に通い始めます。し

英会話教室で子どもを教えるローリー

かし、このとき既に、ローリーの日本滞在を許可するビザが切れていました。そして、2002年、ラファエルが小学校低学年の頃、ローリーはオーバーステイで警察に捕まり、約2ヶ月間拘留されてしまいます。ラファエルは、その間、ローリーの姉のところに預けられました。ローリーは、不安の中、神に祈り続けました。そして、その状況から彼女を救い出したのは、日本の市民団体と弁護士でした。日本人が父親で、日本社会に適応していたラファエルは、子どもの権利保護の対象だと考えられたからです。そうした支援者の尽力により、母子はフィリピンへの強制送還は免れ、特別在留許可も得ることができました。

これにより、職業選択の幅が広がったローリーは、スナックを辞め、都内で子ども向けの英会話教師や小学校でのALT（外国語指導助手）を始めました。一方、ラファエルは、小学校で、他の日本人児童との見た目や名前の違いから、苦い経験もしています。地域の野球チームに入っていたラファエルは、その日焼けも相まって、「黒人」とからかわれたり、カタカナの「リゴン」という名前に対して、「りんご、りんご」とはやし立てられたりもしました。また、実の父親との面会も実現しないままでした。ラファエルは、今日まで古い写真でしかその顔を知りません。

そして、その後、この母子にはさらなる転機が訪れます。ラファエルのように、日本人男性を父に持ちながら、出生前に認知が得られなかったために、日

本国籍を取得できない、という子どもは他にも大勢いたのです。この状況の改善のために、日本人弁護団が結成され、そのサポートを受けて、2005年に日本国籍取得を求める集団訴訟が起こされました。その訴訟では、ラファエルを含む、当時8歳から14歳の、日本とフィリピンの「ハーフ」の子ども10人が原告となりました。

彼らにとって長きにわたる裁判の末、結果は勝訴に終わりました。2008年6月、最高裁判所は、親が結婚をしていないという理由で、子どもに日本国籍を与えない現行国籍法の規定は、憲法第14条の「法の下の平等」に反すると判断し、原告の子どもたちに日本国籍を認める判決を言い渡したのです。

さらに、これを契機に国籍法の見直しが行われ、2009年1月1日から改正国籍法（新国籍法）が施行されることとなりました。それ以前は、未婚の場合に父親の生前の認知が日本国籍取得の要件でしたが、その判決に基づき、生後認知でも婚外子は日本国籍の取得が可能となりました。

こうして、日本国籍を取得できるようになったラファエルには、また大きな決断の機会が待っていました。その手続きの過程で、1回限り、名前を変更することができるというのです。ラファエルは、2つの選択肢で悩みました。ひとつは、父親の姓を名乗り、日本人風の名前に変更するというもの、もうひとつは、「リゴン」を漢字に改めるというものでした。そして、ラファエルが選択したのは、後者でした。当時、中学校に進学を間近に控えていた頃、名前が丸切り変わるというのは、アイデンティティにも大きく関わる問題でしたし、同級生の視線も気になりました。以来、現在まで使用している、理言（りごん）という姓の漢字は、ラファエル自身が考えたものです。

台東区で中学生になったラファエルは、そこで大勢の様々な国との「ハーフ」や、日本育ちの外国人生徒と出会います。彼らとは、多かれ少なかれ、共通の経験を分かち合うことができました。ただし、学校の勉強に対するモチベーションは低下し、母のローリーも彼の素行に手を焼くようになります。そんなラファエルと筆者が出会ったのは、2008年、彼が中学2年生の頃でした。そして、翌年、高校受験の準備が始まると、当時大学院生だった筆者は、週に2回、彼の家庭教師を務めるようになりました。外国人シングルマザーの家庭の例にもれず、ラファエルは漢字が苦手でした。勉強の時間はお互いにとって大変でしたが、その後はいつも、ローリーがつくった夕食を一緒に食べて、色々な話をしました。

居酒屋で正社員として働くラファエル

　結局、第一志望ではなかった私立の高校に進学したラファエルでしたが、2年生の途中で、自らそこを退学する決断をします。そして、その後、上野の大手居酒屋チェーンでアルバイトを始めました。その時、自分は料理が好きだと実感します。
　その方向に次の進路を見定めたラファエルは、18歳のときに、調理師専門学校に進学しました。1年間通学して調理師免許を取得した後、高卒認定試験の受験にも合格しました。日本で生きていくためには、学歴も大切だと考えてのことでした。それらと並行して、上野の居酒屋アルバイトも続けていました。そして、そこで出会った上司に仕事ぶりが気に入られ、一緒に独立して新しい居酒屋を町田市にオープンさせました。現在、ラファエルは、台東区の実家を離れ、その店で正社員として働いています。母のローリーは、彼もすっかり日本人の働き方が身に付いて、中々顔も見せに来ない、と笑いながら愚痴をこぼしています。筆者がそのことを、ラファエルに伝えると、「日本人ですから」と誇らしそうに応えました。
　もちろん、これからもラファエルの、マイノリティの日本人としての人生は続いていきます。日本国籍を取得した今でもなお、その珍しい名前を、病院など公共の場で、大声で呼ばれるときには、少し緊張するといいます。また、自分が日本人女性と結婚したいと思ったとき、相手やその家族が、この苗字を変

に思わないか心配することもあるそうです。

　一方、居酒屋で働いているとき、自分のネームプレートを見て、お客さんが興味を持ってくれて、ちょっとしたフィリピンの話題で会話が発展することもあるようです。また、小学生の頃、フィリピンのルーツを理由にいじめてきた同級生は、今では親友だといいます。

4　おわりに――新しい「我々」の可能性

　そろそろ本章を締めくくりたいと思います。

　最後は、日本人／外国人の二分法をすり抜けるようなリアリティを描くために、ラファエルの物語の力を借りました。たった1人の経験ですら、そこからは、様々な社会の様相が覗き見えてくるものです。

　元々、多文化主義や多文化共生は、そうした諸個人からなる社会の調和のために、編み出されたものだといえます。もちろん、それは、ときに形骸化したり、理想と現実の乖離が反発を招いたりもします。それを空理空論で終わらせないためには、時代や地域に適合する形で、更新を続けていかなければなりません。

　その取り組みは、決して、一部の専門家のみに託されたわけではないでしょう。むしろ、「日本人」や「外国人」、その中間にいる人々が、それぞれの立場で発言し、対話を続けていくプロセスこそが、重要だといえます。

　共生について真剣に語り合い、共通の目標が見定められたとき、その場では、内部の多様性を備えた、新しい「我々」が成立しているはずです。人種や文化、国籍に規定されないそうした繋がりのあり方こそ、筆者はこれからの多文化共生のひとつの鍵だと考えるのです。

引用・参考文献
モーリス=スズキ、テッサ『批判的想像力のために：グローバル化時代の日本』（平凡社、2002年）

第Ⅴ章

スポーツ

この章のガイダンス

　星槎大学共生科学部は、「スポーツにおける共生」という理念も追究している。本来スポーツは優勝劣敗を競うものであり、共生とは関係ないと思われる方が多いかもしれない。しかしスポーツには、「競技スポーツ」の他に「生涯スポーツ」というジャンルも存在し、そこでは共生社会の理念と結びつく要素が数多く含まれている。また「競技スポーツ」においてさえ、共生という理念が含まれることも喚起されなければならない。

　総論では、主に共生のためのスポーツが公共哲学の観点から論ぜられたが、ここでは、渋谷聡と服部由季夫が「共生社会にむけたスポーツの理念と課題」について論じている。その内容は、「スポーツの概念と価値」に始まり、「競技スポーツにおける共生の理念とその精神」と「生涯スポーツと共生」が詳述され、最後に「共生社会に向けたスポーツの課題」が提示されている。これはどこまでも「スポーツと共生」という理念を多様な角度から考えるための素材提供であり、読者はこの素材を基に、さらに思索を深めて頂きたく思う。

　なお、本章は分担で執筆されており、渋谷聡が1節、2節の1・3、3節の1・2・3と4節を、服部由季夫が2節の2・4と3節の4を担当している。

共生社会にむけたスポーツの理念と課題

渋谷　聡・服部由季夫

はじめに

　この章では、共生社会に向けたスポーツの理念と課題を述べていきたい。そのためにはまず、共生社会とはどのような社会かを、明確にしておく必要があるだろう。
　文部科学省の「共生社会の形成に向けたインクルーシブ教育システム構築のための特別支援教育の推進（報告）概要」は、共生社会を一方で「これまで必ずしも十分に社会参加できるような環境になかった障害者等が積極的に参加・貢献していくことのできる社会」とし、他方で「誰でもが相互に人格と個性を尊重し支え合い、人々の多様な在り方を相互に認め合える全員参加型の社会である」と規定している（http://www.mext.go.jp/b_menu/shingi/chukyo/chukyo3/044/attach/1321668.htm）。前者は、障がい者が中心となって、障がいのない人たちの社会に参加することを目指すという意味であり、後者は、障がいのあるなしには言及せず、様々な人格や個性を尊重し認め合う社会という意味である。星槎大学をはじめとする星槎グループの掲げる「人を認める、人を排除しない、仲間を作る」という3つの約束を反映する共生社会は、文部科学省の報告では後者に当たると考えられる。ただし、これだけの表現では、共生社会を説明するのに不十分であろう。何故なら、星槎大学が目指す共生社会は、「障がいの有無や年齢、性別など関係なく、全ての人や自然と関わり合い、それぞれ違いがあるということを認め合い、共に支え合うことのできる社会」と考えられているからである。

1　スポーツの概念と価値

　2020年に東京でオリンピック・パラリンピックが開催されることが決まり、日本国内でイベントの開催や、オリンピック・パラリンピックを教材とした教育（オリンピック・パラリンピック教育という）が行われている。他方、ス

ポーツにはトップアスリートが勝敗を競い合うスポーツだけではなく、誰もが気軽にできる生涯スポーツ、健康になることを目的とした健康スポーツ、楽しみや地域活性化を目的としたコミュニティスポーツなども存在する。このように、スポーツには様々な側面があり、その種目や特性も多様化している。ここでは、広義としてのスポーツの概念や価値について紹介しよう。

『最新スポーツ科学事典』（2006）によると、スポーツには3つの意味があるという。1つ目は、「ルールに基づいた身体的能力を競い合う遊びの組織化、制度化されたものの総称」である。2つ目は、「健康の保持増進や爽快感などを求めて行われる身体活動」であり、3つ目は「知的な戦略能力を競い合う遊び」だとしている（p.448）。このように、スポーツはただ単に体を動かすことではなく、それぞれの目的に合わせた身体活動あるいは運動だと考えられている。では、そうしたスポーツにはどのような価値があるのだろうか。スポーツ基本法（2017）によると、スポーツは「心身の健全な発達、健康及び体力の保持増進、精神的な充足感の獲得、自律心その他の精神の涵養等」という価値があるとされている（p.1）。また、スポーツ立国戦略（2010）では、「スポーツはその活動自体、体を動かすという人間の本源的な欲求にこたえ、爽快感、達成感、他者との連帯感等の精神的充足や楽しさ、喜びをもたらすという内在的な価値を有する」とされている（p.2）。このように、スポーツをすることは、その実施者の心理的、身体的、社会的側面によい影響を与えると考えられている。

それを踏まえて、以下では、多様化しているスポーツのうち、主に競技スポーツと生涯スポーツについて述べていこう。

2　「競技スポーツ」における共生の理念とその精神

オリンピックやパラリンピックなどを代表とする「競技スポーツ」は、ただ単に勝ち負けを争っているわけではない。文部科学省の「競技スポーツは人類の創造的な文化活動の一つである」によると、競技スポーツは「自らの能力と技術の限界に挑む活動であると同時に、その優れた成果は、国民に夢と感動を与えるなど、人々のスポーツへの関心を高め、スポーツの振興に資するとともに、活力ある健全な社会の形成にも貢献するもの」と明記している（http://www.mext.go.jp/a_menu/sports/athletic/070817/001.htm）。ここでは、勝敗を競うスポーツは、共に認め合い、支えあっていくことを目指す共生という理

第V章　スポーツ

念に合致することができるかということを考えていきたい。

2.1　スポーツマンシップと敬意の精神

　競技スポーツにおいて共生を考える際に重要なのは、ルールを重んじ、相手選手にも敬意を払う「スポーツマンシップ」である。スポーツと共生について研究している林（2013）によると、「競い合う中において重要なことが立場の違うものを尊重するというrespectの精神」が共生であると述べている。これは、自分以外の対戦相手や審判など立場の違う人を尊重することが共生であることを意味し、スポーツマンシップと共生の考え方が共通していると言える。これらの考え方に反することは、共生としての行為としては認められないだろう。例えば、2018年5月に発覚した日本大学アメリカンフットボール部の悪質タックル問題は、公正なプレーを遂行するために作られたルールを蔑ろにする悪質な行為であり、競技の中で相手側の選手にも敬意を払うrespectの精神が欠けている。また、2017年9月に日本のカヌー選手がドーピング検査で陽性になったのは、自分よりも強い（成績の良い）選手を試合に出させないための不正行為であった。この件も、respectしないばかりか排除しようとしていることから、共生とは対極にある行為だと考えられる。

　2015年9月に開催されたラグビーワールドカップで、日本代表が南アフリカ代表に歴史的な勝利をあげ、日本国内で大きな話題となった。また、2019年には、日本でラグビーワールドカップが開催される。こうした日本国内でも注目されているラグビーには、「ノーサイド」という言葉が知られている。スポーツと和製英語について調べている岡部ら（2014）によると、ノーサイドとは「試合終了のホイッスルが鳴った瞬間、敵味方という『サイドがない（No side）』ことを意味し、お互いのチームや選手の健闘とフェアプレーをたたえ合う」ということだという。しかし、この「ノーサイド」という言葉自体は国際的に認知されているものではなく、日本のラグビーの試合でも「フルタイム」や「タイムアップ」という言葉を使用している。その代わり、試合終了後にお互いのチームや選手に敬意を払うという意味で、「アフターマッチファンクション」という交流会が、現在でも日本を含めて国際的に行われている。これは、身体接触が激しい競技スポーツのひとつであるラグビーにおいて、お互いを認め合うという共生を示す行動だと考えられる。

　ラグビー以外にも、日本で盛んに行われているスポーツのひとつに柔道をあ

げることができる。1882年に嘉納治五郎によって創始された柔道は、今や国際的なスポーツとして「JUDO」と称されるようになった。試合の始まりと終わりの挨拶として、選手はお互いに「礼」をし、その後にも選手同士が握手を交わす。武道としての柔道という側面では、「強くなればなるほど礼の精神を保ち、自他共栄の心情・態度が強調される（kodokanjudoinstitute.org/）」のに対し、スポーツとしてのJUDOでは、握手によってお互いの健闘を称え合う。どちらも、相手に敬意を払うという点では共通している行為であり、共生の考え方に通ずるものであろう。このように、試合後に対戦相手と握手を交わすという行為は、テニス、バドミントン、サッカー、バレーボール、卓球、陸上競技、競泳など多くのスポーツ種目で相手に敬意を払いながら、お互いが認め合う行為だと考えられ、競技スポーツにおいて共生が成り立っている（渋谷、2015）と考えられる。

　こうした競技スポーツにおける共生には、実践的な活動を伴わない場合もある。例えば、ライバルという人と人との関係性によっても説明することができる。渋谷（2015）によると、「ライバルとは対戦相手や競争相手と自分や自分の所属しているチームの実力が伯仲し、それを共に認め合いながら相手に負けないように日々努力し成長していくことであり、これはまさに競技スポーツにおける『共生』にほかならない」としている。

　競技スポーツでは、勝敗を争う選手同士だけで共生が成り立っているのではない。ルールの確認や得点を示すスタッフ、勝敗や反則行為かどうかを判定する審判、大会を運営する主催団体、スポンサードを提供して大会を支える企業、タイムキーパーやグラウンドキーパー、選手を応援するサポーターやファンが選手を支えている。こうして、競技スポーツは様々な人によって支え合い、認め合うことによって成り立っている。

2.2　ルールと共生の精神

　ルールを守るということは、スポーツを行う上で、最低限のことである。従ってルールを守っているだけでは、フェアプレーとはいわれない。共生を目指せば、ルールを守った上で相手に対する敬意や、それ以上にそもそも自分自身が誠実であるかが問われる。

　例えば、現在学校体育において、柔道や剣道、相撲が武道として必修とされている。中学校学習指導要領には、その武道の項では「相手を尊重して練

習や試合ができるようにすることを重視する」と書かれている（文部科学省、2008）。競技として同様に競い合う球技においては、「フェアプレー」という言葉は出てくるものの、「相手を尊重して」という文言は出てこない。一方で、その武道の項で「礼に代表される伝統的な考え方を理解し」とあり、礼は武道で学ぶべきこと、日本の伝統的な考え方として、示されている。日本人が頭を下げる動作を、外国人が真似をする場面がしばしば見られる。外国人から見れば頭を下げる動作を礼と捉えている可能性もあるが、学習指導要領で、礼が単に頭を下げる形骸化されたものを指している訳ではない。即ち、相手への敬意を持って行うものである。武道は礼に始まり礼に終わると、象徴的にいわれる。しかし、日本の武道以外の部活動の試合を見ると、野球であっても、サッカーであっても、バレーボールであっても礼に始まり、礼に終わっている。少なくとも日本においては、「礼」は武道独特のものではない。日本の学校スポーツにおいては、最早当たり前のことである。そして大辞泉によれば「礼」とは、敬意を表すために頭を下げること、とある。即ち「礼」とは形式として頭を下げる行為ではなく、そこに相手に対する敬意が伴っているはずである。武道に限らず、「礼」をするということは、形骸化された動作としての礼を行うのではなく、相手に対しての敬意を持つべきであるということとなる。そしてこのことは、共生社会を形成する上で、欠かせないことであり、相手に対しての敬意が存しないスポーツや競技は、競争の「争う」部分のみに焦点が当たる可能性もあり、共生とは反対の方向に行きかねない。

　ルールと相手への敬意について更に考えてみたい。相手を尊重する行為のひとつに、相手に勝利した時などにガッツポーズなどの行為を慎む、といったものがある。勝利の時に喜びをあからさまに表現することは、相手に対する尊重を損ねると考えられているからである。大相撲でも勝った際に力士が喜びを表現することは、極めて否定的に見られるし、そうした行為を行った力士は相撲協会執行部や親方から注意を受けることとなる。そしてこれが顕著になっているのが、剣道である。剣道では相手を尊重するという考えから、一本をとった際にガッツポーズなどをすると一本を取り消されるというルールがある。全日本剣道連盟の剣道試合審判細則規則の第24条において、「打突後、必要以上の余勢や有効を誇示した場合」一本が取り消される旨、示されている（https://www.kendo.or.jp/old/kendo/rules/rule2.html）。ここで重要なことは、それがルールとして規定されていることである。そもそも相手を尊重することは、礼

と同じくして、尊重を表現している心から出るべきであろう。勿論そうしたルールは、ルールによって教育していくという狙いがあろう。しかしルールとなっていれば、相手に勝ち、それは相手がいたからこそ自身の技能が高まったが故に相手に対する敬意も生まれる訳であるが、そうした相手に対しての尊重を無くし、心の中では狂喜乱舞であっても、ルールで禁じられているからガッツポーズはしない、ということは起こり得、控え室に戻って狂喜乱舞ということも生まれかねない。本当に相手に対する尊重や敬意があるなら、ルールで許容されている行為であっても、自身の中で相手への尊重や敬意から考えて、行うべきではないと感じる行為は、行わないことではないだろうか。例えば、一本をとった後、審判から確認出来ない程度に、拳を握りしめるなどの喜びを表現した時に、「ああ、今のは相手に対して敬意に欠ける行為だった。審判に申告しなくては。」と考えることこそが、相手を尊重する態度であり、自身への誠実な対応であるはずではないだろうか。

　今後、学校体育でも扱われるであろう合気道は試合をしない。お互いに攻撃とそれに対する技を繰り返し行うことで、稽古を行う。そこではお互いに高め合うことが目標となり、結果として相手を尊重することで成立している。筆者は拙文の中で、体つくり運動が共生に資するとし、その体つくり運動の中で合気道を行うことの有益性を説いている（服部、2017）。相手を尊重することで成立している武道を行うことも、共生社会の実現の一助ともなり得る。

　また、時としてルールを悪用して、自らを利するよう振る舞うことがある。2018年6月16日ゴルフの全米オープン3日目にそれは起きた。故意の反則を行ったのはフィル・ミケルソンである。ミケルソンはゴルフのトッププロとして知られている。彼はグリーン上で動いているボールを、2打罰になることを知りながら、そして反則を犯すことが結果として自分に有利になることを知った上で、故意に打った。この行為に、メディアでは賛否両論が噴出した。賛では、さすがルールを熟知したプロである、彼の行為がダメならばルールを変えるべきである、といったもの。否は、紳士的ではない、フェアではない、といったものである。ルール、フェアプレー、共生について考える上で、有益な場面であろう。

　最後に共生を考える上でのスポーツマンシップやフェアプレーを考えさせられる事例をひとつ紹介したい。野球での事例であるが、佐山和夫の『日本野球はなぜベースボールを超えたのか』（彩流社、2007年）からの引用である。

第Ⅴ章　スポーツ

　「彼ら（筆者注：日本人）の精神が、本場のものとは違っていたことを証明するいい例がひとつここにある。それはインフィールドフライのルールについてだ。
　いまでこそ、そのルールはアメリカにあるのと同じようにわが国にもあるが、最初は違っていた。日本では、それは初めは『なかった』のである。
　アメリカで、そのルールが作られたのは1895年（明治28年）のことだった。当然ながら、その変化は日本にも伝えられた。一高野球部としては、いつもルールのことを中馬庚に相談していたから、これについても彼の真意を確かめた。」
　中馬庚は第一高等中学校、所謂一高野球部で活躍し、ベースボールを野球と訳した人とされている。野球殿堂入りしており、日本野球史において重要な役割を担った人物である。
　「後輩に『私たちのルールも、そのように決めましょうか』と問われた中馬庚は、少し考えたあとで、静かにいったという。
　『変なプレーでアウトを余分に取ろうとする者なんかいるわけがない。そのルールは私たちには要らない』。」
　こうした心、即ちルールで規制する以前に、邪なプレーを良しとせず、自分が出来ることを誠実に行おうとする心から作られるのではないであろうか。このような共生の心が社会に浸透すれば、ゴルフのように選手の良心にプレーが委ねられ、審判が不要の競技、状況がもっと増えて然るべきであろう。

2.3　生徒と指導者の共生ではない関係

　競技スポーツでは、指導者と選手間の共生にも触れておく必要がある。最近、指導者のパワーハラスメントや選手に対する暴力が、メディアなどで大きく取り上げられるようになった。スポーツを行う者を暴力等から守るための第三者相談・調査制度の構築に関する実践調査研究協力者会議の報告（2013）によると、パワーハラスメントとは、「同じ組織（競技団体、チーム等）で競技活動をする者に対して、職務上の地位や人間関係などの組織内の優位性を背景に、指導の適正な範囲を超えて、精神的若しくは身体的な苦痛を与え、又はその競技活動の環境を悪化させる行為・言動等をいう」としている（p.12）。つまり、教える側である指導者が上、教えてもらう側である選手が下という上下関係が日本の競技スポーツ現場では成り立ちやすく、スポーツ指導の適正な範

囲を超える行為で、選手に精神的あるいは身体的な苦痛を与える行為がスポーツにおけるパワーハラスメントと言える。これに対して暴力とは、「①身体に対する不法な攻撃であって生命又は身体に危害を及ぼす行為」「②上記①に準ずる心身に有害な影響を及ぼす言動」「③上記①②に掲げるもののほか、競技者の能力・適性にふさわしくないスポーツ指導」としている（p.12）。このように、パワーハラスメントは、組織内で力のあるものから力のないものへの行為であるのに対し、暴力は力のあるなしに関わらず行われる苦痛を伴う行為であるが、現実的には、どちらも行き過ぎた指導によって、選手が苦痛を伴うことが多い。

2.4　スポーツを通しての国と国、人と人との共生

競技スポーツと共生について述べるにあたり、「国と国との共生」と「多文化の共生」について言及する必要がある。

「国と国」との共生に関して言えば、2018年世界卓球の女子準決勝で、大韓民国（以下韓国）と朝鮮民主主義人民共和国（以下北朝鮮）が合同チームを急遽結成するという、極めてイレギュラーな事態が起きた。最低限ルールを重んじるべきスポーツの世界で、こうしたトリッキーなことは認めるべきではないとはいえ、これは韓国と北朝鮮の首脳会談の影響が極めて大きかったということであり、日本はこの俄か合同チームとの対戦を強いられた。また、同年の平昌冬季オリンピックを機に、北朝鮮が対米強硬姿勢を多少なりとも緩める動きに傾いたことは、今後の予断は許されないとはいえ、少なくともスポーツが「国と国との共生の機会」を与える役割を演じ得ることの例証となりえよう。さらに、同オリンピックのスケート競技500メートルで金メダルを取った小平奈緒選手が2位になった韓国の李相花選手に歩み寄り、「I still respect you」と言いながら、共にリンクを一周したシーンは「国と国を超えた共生」の理念を強く人々に印象付けたと言えよう。

スポーツを通じて人、国を考えるべき状況が眼前に広がっている。集団競技にしても、個人競技にしても、スポーツが平和に資する場面もあれば、争いに繋がる場面もあった。スポーツはそれらを象徴的に示すが、その背景には、結局共生を目指すか目指さないかに関する「人々の意識や行動」の違いが存在している。言い換えれば、スポーツのイベントを共生に繋げるか否かは、そこに関わる人々の「価値意識や行動」に委ねられていると言っても過言ではないだ

第Ⅴ章　スポーツ

ろう。

　そして、所謂ボーダーレス化もスポーツの世界に見られる。私たちは、そもそも「日本人」をどのように捉えているのであろうか。日本列島に住み、日本語を話し、モンゴロイドであることを何となく日本人と捉えている。しかし日本国籍を有している人は、今や世界中にいるし、オコエ瑠偉選手やケンブリッジ飛鳥選手のように普通に日本語を話す黒人の血を引いた人もいる。テニスの大坂なおみ選手は日本語をほとんど話せない。ステレオタイプの日本人の姿は、少しずつであるが、減って行く可能性もある。日本の人口は経年的に減る一方であり、国家を支える日本人は減るだけである。労働力も最早日本人だけでは維持出来ない状況になりつつあり、コンビニなどですら外国人労働者に依存している状況が広まってきている。そして2018年12月には出入国管理法（入管法）改正が国会で可決された。日本国民は減り、地球上の人口が増えている現状下で、日本を支える為に外国人労働者を増やす法律が可決された。日本国内における外国人労働者の状況、そして国民である日本人の状況も変わらざるを得ない。国技相撲においても、2018年5月場所でも、鶴竜、白鵬、栃ノ心といった外国人力士が圧倒的な強さを誇っている。その一方で野球やサッカーでは、日本人が世界で活躍している。

　スポーツの世界でも、国と国、人と国という構図が大きく変わりつつある。イチロー選手のような日本人は日本に戻らないかもしれないし、白鵬は日本国籍を取ろうとしている。寧ろ逆に日本国籍を有していない者が親方になれないシステムの方が問題になるかもしれない。

　人と人、国と国、そして人と国との共生を、スポーツの場面で見てみても、既存の枠組みでは捉えきれない状況となりつつある。スポーツの場面で起こっているこうした状況を、新しい共生の形のヒントとして、検討の材料としたい。

3 「生涯スポーツ」と共生

3.1 生涯スポーツの理念

　生涯スポーツは、よく競技スポーツの対義語として使用される。『最新スポーツ科学事典』(2006) では、生涯スポーツの目的を「生涯にわたりスポーツに親しみ、健康で幸せな人生を送るライフスタイルを体得すること」と明記している (p.387)。生涯スポーツという概念では、個人のライフスタイルに合わせながらスポーツに親しむことによって、健康の保持増進や生きがいを持つことができると考えられている。また、スポーツ基本計画 (2012) では、「スポーツを楽しみながら適切に継続することで、生活習慣病の予防・改善や介護予防を通じて健康寿命を伸ばすことができ、社会全体での医療費抑制につながる」とし (p.5)、健康面だけではなく財政的な側面も含めて、文部科学省は生涯スポーツを推進している。こうした生涯スポーツの枠組みの中には、健康になることを主な目的とした健康スポーツや、より楽しさを求めたレクリエーショナルスポーツ、地域とのつながりや活性化を目的としたコミュニティスポーツ等が含まれている。

3.2 障がい者スポーツからインクルーシブ・スポーツへ

　生涯スポーツは、健常者のみではなく障がい者も行うことのできるスポーツである。ここでは、生涯スポーツとしての障がい者スポーツに焦点を合わせつつ、共生社会を目指すために「インクルーシブ・スポーツ」について述べていく。

　近年、東京オリンピック・パラリンピックを開催することがきっかけとなり、障がい者スポーツの知名度も少しずつではあるが高まってきた。『最新スポーツ科学事典』(2006) によると、障がい者スポーツとは、「障害のある人も実施可能な運動やスポーツのことを指す」としている (p.384)。また、アダプテッド・スポーツ科学専門領域のホームページによると、「障害者の体育・スポーツは、障害者体育、障害者スポーツと呼ばれますが、一部に特別な配慮や工夫、対応が必要とされることから『アダプテッド・スポーツ (Adapted sport)』とも呼ばれます」と示している通り、障がい者スポーツをアダプテッド・スポーツと同義語のように使用している。しかし、矢部ら (2004) によると、アダプテッド・スポーツを「障害のある人や高齢者のスポーツを総称」していると

し、「スポーツのルールや用具を障害の種類や程度に適合（adapt）させることによって、障害のある人は勿論のこと、幼児から高齢者、体力の低い人であっても誰でもスポーツに参加できる」としている。このように、障がい者が行う障がい者スポーツから、ルールや用具を工夫することによって幼児や高齢者などへ対象者を広げて行うスポーツのことをアダプテッド・スポーツということができる。

　このような矢部らの提唱しているアダプテッド・スポーツは、インクルージョンという言葉を使っているが、表現として「障がいのある人や高齢者」が中心となって行われるスポーツと読み取ることができる。特別支援教育の専門家である西永（2016）によると、「本来インクルージョンは、従来の通常教育と特殊教育をインクルードしていく教育システムのことであり、障がいがある子どもと障がいがない子どもを現状のままインクルードするのであれば、従来から批判があるインテグレーション（統合教育）と同義になってしまう恐れが指摘できよう」としている。つまり、矢部ら（2004）の「障がいのある人は勿論のこと」、「誰でもスポーツに参加できる」ことは、ただ単に障がい者と障がいのない人をインクルードしていることを意味し、インクルージョンと表現するには無理があるだろう。

　では、インクルージョンという考え方からスポーツをとらえていくにはどう整理していけばよいだろうか。西永（2016）は、「障がいのあるなしに関係なく、ニーズがあるから支援を考えるわけで、健常者が常に障がい者を支援しなければならないという強者弱者という発想ではなく、障がいがある人がない人を支援してもいいと考えるのがニーズ論であり、インクルージョンである」と報告している。このインクルージョンという考えをスポーツに当てはめてみると、スポーツに参加する人が障がいのあるなしという観点ではなく、高齢者であったり、運動が得意・苦手だという基準で分けること、あるいは一緒にすることでもない。運動が得意な人が苦手な人の支援をすることも考えられるが、運動が苦手でも戦術を考えることや気づいた情報を与えることによって、運動が得意な人を支援することもできる。こうしたニーズに基づいて参加するスポーツがインクルーシブ・スポーツだといえる。こうした考えは、インクルーシブ・スポーツについて知見のある細田らによっても支持されている。細田ら（2014）によると、インクルーシブ・スポーツとは「障がいのある人とない人が共にするということではなく、障がいがあるなしにかかわらずおのおのの

ニーズに配慮したスポーツと定義されるのだという」と述べている。

しかし、上述したように、スポーツは勝ち負けを目的とした競技スポーツと、楽しさを求めて行う生涯スポーツに大別することができる。これをインクルーシブ・スポーツとして考えてみると、おのおののニーズに合わせるだけではなく、目的に合わせて行うスポーツとして考えていく必要がある。つまり、勝ち負けを競って楽しいと感じる人と、気軽にできるスポーツ活動に楽しさを感じる人は、ニーズが違うため同じルールやチームとしてスポーツを行うことに無理がある。これは、排除や差別というものではなく、スポーツを行う目的に合ったスポーツ種目の選択であり、スポーツを行う目的そのものがニーズになることを意味する。勝敗を競うというよりも、ネットを挟んでボールを使って楽しくスポーツを行いたいというニーズがインクルーシブ・スポーツということになる。例えば、車いすに乗っている人や運動が苦手な人、しばらくの間あまり体を動かしていない人が、ネット型スポーツ（バレーボールやバドミントン、卓球）で楽しみたいというニーズに対して、それぞれに合わせたルールや道具を工夫して行うスポーツがインクルーシブ・スポーツである。こうした工夫の中で、戦術やチームワークなどを考えながら楽しむことも期待できる。

3.3　福祉分野におけるスポーツと共生

福祉分野、特に児童福祉におけるスポーツと共生について考えた場合、2012年4月から児童福祉法に基づいて行われている放課後等デイサービスでのスポーツや運動を取り上げることができる。厚生労働省の放課後等デイサービスガイドラインによると、放課後等デイサービスは、「支援を必要とする障害のある子どもに対して、学校や家庭とは異なる時間、空間、人、体験等を通じて、個々の子どもの状況に応じた発達支援を行うことにより、子どもの最善の利益の保障と健全な育成を図るものである」としている。また、「友達と関わることにより、葛藤を調整する力や、主張する力、折り合いをつける力が育つことを期待して支援する」ことも記されている（http://www.mhlw.go.jp/file/06-Seisakujouhou-11600000-Shokugyouanteikyoku/4-1-1_1.pdf）。

このような、他児との関わりによる主張する力や折り合いをつける力というのは、人と人との共生に必要な要素であるコミュニケーション能力を示すと考えられる。また、知的障がい者と運動について研究をしている松原（2012）によると、発達障がい児・者の半数以上は、発達性協調運動障害も併せ持つと言

われ、スポーツや運動が苦手だと感じたり、これらの楽しさをあまり味わっていないことが推測される。渋谷ら（2018）は、発達障がいのある児童を対象として、スポーツを簡単なルールや道具の工夫をすることによって、運動技能、コミュニケーションスキル、ルール理解を促進するために、運動SST（ソーシャル・スキル・トレーニング）指導プログラムを開発し、その効果を明らかにした。

このように、発達障がいのある子どもたちであっても、スポーツを定期的に行うことによって、運動技能やコミュニケーションスキルを高めることができ、ルールも理解することができるようになる。これは、児童期の全ての人々に対して、それぞれの運動技術やルール理解の程度、コミュニケーション能力にあったルールや道具を工夫することが、スポーツを通した人と人との共生を目指す取り組みになると言えるだろう。

3.4 健康スポーツと共生

WHOでは、健康を「身体的、精神的、社会的に良好な状態」と定義付けている。スポーツに関して、これを踏まえながら健康スポーツと共生について簡単に述べてみたい。

社会学者であるレイ・オルデンバーグは自宅や職場以外の心地よい場所として、サードプレイスを提唱している（Oldenburg,1999）。社会人になると、日本の場合、普通は自宅、職場というコミュニティを中心として生きていかざるを得ない。オルデンバーグは自宅をファーストプレイス、職場をセカンドプレイスとし、それ以外のサードプレイスの重要さを説いている。サードプレイスと呼ぶ為の満たすべき要件を、オルデンバーグは提唱している。サードプレイスの概念規定としては、そこにいる義務がないことや、それが経済的、社会的地位とは無関係なことなどを挙げている。それは、お気に入りのカフェかもしれないし、仲間が集う居酒屋かもしれないが、健康と関連する場所として、スポーツのチームや、フィットネスジムなどが考えられよう。サードプレイスを、オルデンバーグはコミュニティライフのアンカー、リラックス出来る空間としてのコミュニティとみなしている。スポーツのチームやフィットネスジム、その他のスポーツクラブなどが、サードプレイスとして機能することは十分に考えられ、運動、スポーツは社会的に良好な状態に寄与するとも考えられる。一種、ガス抜き的な立場として理解できるサードプレイスであるが、それは緊張

を強いられる社会において、人と人、人と労働との共生を保つ上でも重要であると考えてよいのではないだろうか。

また、人間関係、即ち人と人との共生が成立していない状態は、ストレス状態をもたらす。現代の日本においての主だった健康問題は、生活習慣病とメンタルヘルス

不調といっても過言ではない。メンタルヘルス不調は、その最悪の形として自殺に至るが、日本では15歳から39歳という年齢層で、死因の第1位が自殺である（厚生労働省HP https://www.mhlw.go.jp/toukei/saikin/hw/jinkou/geppo/nengai15/dl/gaikyou27.pdf#search=%27死因順位＋平成27年%27）。そしてメンタルヘルス不調は、人と人との共生が上手く成立していない状況で起こりうる。

ストレスが心身の不調を誘引することは、ハンス・セリエのストレス学説で説かれている（Selye, H. [1956] The Stress of life. New York: McGraw-Hill Book Company）。人はストレスの曝露を受けると、警告反応期、抵抗期を経て、疾病に陥る疲憊期に至る。疲憊期に至る前にコーピングを行うべきである。コーピングとは、ストレス状態から抜け出す為の行為のことである。コーピングは問題焦点型と情動焦点型に分けられる。ストレスの原因をストレッサーと呼ぶが、問題焦点型はストレッサーそのものを無くしたり、改善したりするもので、これが出来れば最善である。しかし、必ずしもそれが可能ではない場合も多い。そうした場合、情動焦点型のコーピングを行うこととなる。情動焦点型のコーピングはストレス状態にある心身を様々な方法で癒すことである。情動焦点型のコーピングには、カラオケに行ったり、適度な飲酒をしたり等がある。そしてスポーツを行うことも情動焦点型のコーピングである。

人間関係に誘引されるストレスの場合、その人間関係が改善されたり、職場の異動などで新しい良好な人間関係の中におかれるなどすることが、問題焦点型のコーピングである。しかし、現実的には問題焦点型のコーピングが上手く為され得ないことも多く、その場合、情動焦点型のコーピングが必要である。スポーツを行うことで気分を発散したり、ヨガや太極拳で落ち着いた気持ちにもなり得、身体活動はコーピングの一助となり得る。

第Ⅴ章　スポーツ

　スポーツや身体活動の心身の健康への寄与は、多くの種類がある。生理的なものでは呼吸循環機能の向上や骨格筋の強化によるロコモティブシンドロームの予防、体脂肪の燃焼などがある。精神的なものでは、気分の発散やマインドフルネス的な効果などが挙げられる。また、心身の疲労時にただ体を休めるよりも、寧ろ自分の好きな身体活動を行うことで活力を得ることも出来る。これをアクティブレストと呼ぶ。特に、デスクワークの多い人には、アクティブレストは効果的であるとされる。

　ストレスの軽減には、スポーツやその他の身体活動を行うことが良い、といった短絡的な議論は望ましくないが、選択肢のひとつにはなり得る。運動強度に注意を払いながら、健康の為の運動を行うことで、ストレスに対するコーピングを図ることも可能である。

　運動強度でいえば、健康を目論んだ運動を行う場合、十分に注意を払わなくてはならない。強度が強くならないように行うべきである。『スポーツは体にわるい』（加藤邦彦、1992）においても、強度の高くないスポーツが健康に資する旨が書かれている。中学校、高等学校の体育会系の部活動は、勝つ為に最大限の努力を払うというのがこれまで当たり前であった。勝つ為に厳しく行う。そこに履き違えた厳しさ、即ちハラスメントが横行していたことが2018年に噴出した。そして勝つことだけを目標とすれば、勝っても負けてもバーンアウトにつながる可能性もあり、結果としてスポーツから離れてしまう可能性もある。

　勝つことを目的とせず、体を動かす楽しみがあるべきだし、長く継続出来れば、その方が健康に資することはいうまでもない。現在、中学校で「軽運動部」といった勝利を目指さない運動部が広まりつつある。勉強の合間などに、気分転換や気持ち良さを狙って運動を行う部活動である。特に健康を目指すのであれば、運動強度は高くある必要はない。そんなに高くない運動強度で継続することこそ大切である。

　日本は今や世界一の長寿国ではないが、生活習慣病によって国民の凡そ3分の2に上る人が死亡しており、生活習慣病を減らすことは、WHOが規定する3つの意味での健康を増進するためにも欠かせない。スポーツや運動の健康への寄与を、WHOが提唱するように、身体的、精神的、社会的のそれぞれにおいて、スポーツや運動に関わる人が継続的に検討していくことこそが大切であり、スポーツや運動に関わることによって、健康や共生に寄与出来るような整備も重要であろう。科学的な水準での健康を考えながら、最新のITを利用し

つつ、既存の枠にとらわれない新しい試みも為されるべきであろう。

4 共生社会に向けたスポーツの課題

　この章では、スポーツの意義や価値からはじまり、様々なスポーツにおける共生について述べてきた。星槎大学では共生社会の実現に向けた教育や研究を行っている。ここでは、共生社会に向けたスポーツの課題と可能性について述べていくこととする。

4.1　共生社会に向けた競技スポーツの課題

　共に認め合い支え合う社会をスポーツで実現するとなれば、上述した通り競技スポーツからでも考えることができる。しかし、そのためにはいくつかの課題を解決していくことも必要である。

　現在、日本国内で問題となっている競技スポーツにおけるパワーハラスメントや暴力がなくならないのは、選手は指導者に対してrespectしているが、指導者は選手に対してrespectしていないことが原因であろう。同様に、選手のスポーツマンシップの低下は、ともに戦う周りの選手をrespectしていないと考えられる。

　確かに、指導者は競技スポーツにおいて選手が技を上達させるため、あるいは安全管理上厳しい指導が必要な場合もあるだろう。しかし、それは指導者と選手が人間として対等な立場、あるいは両者の人権を尊重した上での信頼関係に基づくことが前提であろう。しかし、日本の競技スポーツ現場では指導者と選手は上下関係になることが多く、指導者のパワーハラスメントや暴力は、指導者と選手の対等な関係を示しておらず、お互いを認めることやrespectする関係ではない、つまり共生ではない行為だという自覚が競技スポーツの現場で共有されなければならない。

　競技スポーツの価値とは、選手が指導者の力を借りて自分の限界に挑戦する、それを観ることによって夢や感動を覚える、それが結果として人に活力を与えるということにある。これは、指導者や選手、それを観る全ての人がそれぞれをrespectするからである。この前提条件がなければ、競技スポーツの価値がなくなってしまう。この価値を指導者や選手はしっかり認識する必要がある。また、競技スポーツの主役は選手であり、指導者は選手を支えるわき役である

ということも強く認識する必要がある。それぞれの立場と相手へのrespectをどのようにして再認識するかが課題であろう。

　現在、障がい者が行う競技スポーツの代表的な国際大会は、障がい者のみが参加するパラリンピックがある。しかし、星槎大学が求める共生社会は、障がいのある人が積極的に参加することのできる社会ではなく、多様なあり方を相互に認め合える全員参加型の社会である。これを競技スポーツに当てはめてみると、現在のようにオリンピックとパラリンピックに分かれていることに違和感を覚える。例えば、陸上競技の「走る」という種目では、オリンピックとパラリンピックは別々に行われている。共生社会を目指すためには、パラリンピックをなくし、既存の障がいクラスをオリンピック種目に入れる必要がある。つまり、オリンピックの陸上競技という種目の中に、視覚障害クラス、聴覚障害クラス、車いすクラス、肢体不自由クラスなどを置くべきだと考える。純粋に100mで誰が一番速いかを決めるフリークラスでは、障がいの有無を超えた競争を期待する。現在、義足をつけている選手は義足をつけていない選手よりもパフォーマンスが高まるのではないかという議論が一部で行われている。しかし、義足の性能がいくら良くても、それを使いこなすことができるかどうかということもパフォーマンスを高めるスキルだと考えられないだろうか。陸上競技以外でも同じことが言える。柔道では、健常者の間でも階級という体重別にクラスが違うのだから、それと同じクラス分けとして、視覚障害クラス、聴覚障害クラスなどを「柔道」という種目に入れてもよいのではないだろうか？柔道には無差別級という表現もあることから、文字通り様々な区別をなくした中で、勝敗を競うことも意味のあることだと考える。

4.2　共生社会にむけた生涯スポーツの課題

　スポーツで共生社会を目指す場合、競技スポーツだけで実現することは不可能である。やはり、競技スポーツ以外として、インクルーシブ・スポーツを含めた生涯スポーツを普及させていく必要がある。しかし、ここで課題となるのが、生涯スポーツの実施率が高くないということである。この現状を打破するために、スポーツ基本計画（2017）では「障害者が健常者と同様にスポーツに親しめる環境を整備することにより、障害者の週1回以上のスポーツ実施率を40％程度（若年層〈7〜19歳〉は50％程度）とすることを目指す」としている。ただ、この実施率を高めるためには、人と場所の問題を解決する必要があ

る。場所とは、障がいのあるなしで判断しないインクルーシブ・スポーツを行うために、参加する全ての人が体育館や運動場などのスポーツのできる施設に行きやすい環境を作るということである。もちろん、そこには、様々な障がいのある人が使用できるトイレなども完備しなければならなかったり、ちょっとした段差によって高齢者がつまずきケガをするため、スポーツ施設のユニバーサルデザイン化が必要である。

　生涯スポーツの実施率を上げるためのもうひとつの課題は、ルールを説明するスタッフや審判、指導者といった支える人が不足しているということである。特にインクルーシブ・スポーツは、ある目的やニーズによって集まった人がそれに合わせて既存のスポーツをもとにしてルールの変更や道具の工夫を行う必要がある。その際、ルールをどう変更するか、道具もどのように工夫をするかは、ある程度インクルーシブ・スポーツを理解した人でなければ対応できないと考えられる。こうした点から、インクルーシブ・スポーツの指導者の養成は急務である。渋谷（2016）は、「共生社会を実現するために共生を理解した保健体育教員やスポーツ指導者を養成することである」と述べている。そのために、「本学で保健体育科目を担当する教員は、保健体育免許を取得する学生に対し、共生の理念を身に付け、中学生・高校生にその大切さや必要性を伝えることができるよう指導することが使命である」とし、星槎大学のスポーツ身体表現専攻の在学生が、インクルーシブスポーツの指導者として学んでいく必要性を述べている。

　スポーツを通して共生社会を目指すということは、より多くの人がインクルーシブ・スポーツを「実施する」だけではなく、「観る」ことも推奨していく必要がある。スポーツ基本計画では、スポーツの価値について「スポーツを『する』ことでみんなが『楽しさ』『喜び』を得られ」ると明記され、スポーツを「『みる』ことがきっかけで『する』『支える』ことを始めたり、『支える』ことで『する』ことのすばらしさを再認識したりすることもある」とも記されている（p.4）。このように、スポーツを「する」「みる」「支える」ことを通して、全ての人々がスポーツに関わり、その価値を高めていく可能性を秘めていると捉えることが、共生社会におけるスポーツの在り方を考える上で不可欠だと言ってよい。そのためには指導者となって「支える」経験を積むことも必要であろう。しかしそれ以上に、スポーツの価値として競技スポーツの勝利至上主義（勝つためには何でもやる）による弊害がクローズアップされ、日々のス

ポーツ実施率がまだまだ不十分であることから、スポーツの価値を今以上に高め、スポーツの「する」「みる」「支える」をより積極的に広めていく必要がある。

　2020年にオリンピック・パラリンピックが東京で開催される。この国際的なスポーツイベントにおいて、競技スポーツの価値をどれだけ広めることができるか、また、それを東京オリンピック・パラリンピック以降、生涯スポーツであるインクルーシブ・スポーツに繋げることができるかということが、スポーツを通して共生社会を目指すための重要な課題となるであろう。

引用・参考文献
服部由季夫「合気道の体つくり運動としての可能性」(星槎大学教職研究　第2巻第1号、2017年) 85‒90頁
林直樹「共生とスポーツ・身体・表現」(星槎大学紀要『共生科学研究』No.9、2013年) 46‒50頁
細田満和子・吉野ゆりえ・渋谷聡「インクルーシブ・スポーツの課題—共生社会におけるスポーツについて」(星槎大学紀要『共生科学研究』No.10、2014年) 136‒144頁
一般社団法人日本体育学会『最新スポーツ科学事典』(平凡社、2016年) 384、387、448頁
一般社団法人日本体育学会アダプテッド・スポーツ科学専門領域HP
http://jspehss-ads.main.jp/ (2018年6月9日閲覧)
公益財団法人講道館HP
kodokanjudoinstitute.org/ (2018年6月6日閲覧)
厚生労働省 (2012)「障害者雇用対策について」
http://www.mhlw.go.jp/file/06-Seisakujouhou-11600000-Shokugyouanteikyoku/4-1-1_1.pdf (2018年6月10日閲覧)
松原豊「知的障害児における発達性協調運動障害の研究—運動発達チェックリストを用いたアセスメント—」(こども教育宝仙大学 紀要3、2012年) 45‒54頁
文部科学省特別支援教育の在り方に関する特別委員会「共生社会の形成に向けたインクルーシブ教育システム構築のための特別支援教育の推進 (報告) 概要」http://www.mext.go.jp/b_menu/shingi/chukyo/chukyo3/044/attach/1321668.htm (2018年9月18日閲覧)
文部科学省「スポーツ振興基本計画」(2012年) 5頁
文部科学省「スポーツ立国戦略—スポーツコミュニティ・日本—」(2010年) 2頁
文部科学省「スポーツ基本法」(2017年) 1頁
文部科学省「競技スポーツは人類で創造的な文化活動の一つである」
http://www.mext.go.jp/a_menu/sports/athletic/070817/001.htm (2018年9月18日閲覧)
西永堅「特殊教育からインクルージョンへ」(星槎大学紀要『共生科学研究』No.12、2016年) 25‒36頁
岡部修一・山中愛美「現代スポーツを考える—スポーツにおける和製英語について」(奈良

学園大学奈良文化女子短期大学 紀要45、2014年）157‐164頁
Ray Oldenburg(1999)"The Great Good Place: Cafes, Coffee Shops, Bookstores, Bars, Hair Salons, and Other Hangouts at　the Hert of a community" MARLOWE&COMPANY
渋谷聡『スポーツ心理学を生かした「誰でもできる陸上競技」練習法・指導法 中学校・高校編』（星槎大学出版会、2015年）
渋谷聡・服部由季夫・林直樹・高木由起子・與名本稔「大学体育実技授業における共生認識の検討」（星槎大学附属研究センター研究集録、2016年）100‐104頁
渋谷聡・三田地真実・上江昇一・千坂隆幸「運動ソーシャルスキルトレーニングの行動観察研究および調査研究―放課後等デイサービスの活動を通して―」（星槎大学附属研究センター研究集録、2018年）3‐15頁
スポーツを行う者を暴力等から守るための第三者相談・調査制度の構築に関する実践調査研究協力者会議「スポーツを行う者を暴力等から守るための 第三者相談・調査制度の構築に関する実践調査研究協力者会議報告」（2013年）12頁
矢部京之助・草野勝彦・中田英雄『アダプテッド・スポーツの科学〜障害者高齢者のスポーツ実践のための理論〜』（市村出版、2004年）
全日本剣道連盟のHP
https://www.kendo.or.jp/old/kendo/rules/rule2.html（2018年10月15日閲覧）

著者紹介

山脇直司（やまわき なおし）
星槎大学教授
〈主著〉単著：『社会とどうかかわるか』（岩波ジュニア新書、2008年）、『社会思想史を学ぶ』（ちくま新書、2010年）、『公共哲学からの応答――3・11の衝撃の後で』（筑摩書房、2011年）など多数
編著：『教養教育と統合知』（東京大学出版会、2018年）など

西永　堅（にしなが けん）
星槎大学准教授
〈主著〉単著：『子どもの発達障害と支援のしかたがわかる本』（日本実業出版社、2017年）
共著：『学習障害・学習困難の判定と支援教育』（文教資料協会、2010年）など

手島　純（てしま じゅん）
星槎大学教授
〈主著〉単著：『これが通信制高校だ――進化する学校』（北斗出版、2002年）、『高校教師が語る 16歳からの哲学』（彩流社、2014年：台湾・中国で翻訳出版）
編著：『通信制高校のすべて――「いつでも、どこでも、だれでも」の学校』（彩流社、2017年）、『格差社会にゆれる定時制高校――教育の機会均等のゆくえ』（彩流社、2007年）など

天野一哉（あまの かずや）
星槎大学教授
〈主著〉単著：『子供が「個立」できる学校――日米チャータースクールの挑戦・最新事情』（角川書店、2001年）、『中国はなぜ「学力世界一」になれたのか――格差社会の超エリート教育事情』（中央公論新社、2013年）
藤原和博との共著：『民間校長、学校改革に挑む』（日本経済新聞社、2003年）

山口道宏（やまぐち みちひろ）
星槎大学教授
〈主著〉単著：『老夫婦が独りになる時――都市老人世帯をとりまく問題』（三省堂、1991年）、『東京で老いる』（毎日新聞社、1994年）、『男性ヘルパーという仕事――高齢・在宅・介護を支える』（現代書館、2006年）、『「申請主義」の壁！――年金・介護・生活保護をめぐって』（現代書館、2010年）、『無縁介護――単身高齢社会の老い・孤立・貧困』（現代書館、2012年）、『介護漂流：認知症事故と支えきれない家族』（現代書館、2016年）

細田満和子（ほそだ みわこ）
星槎大学教授
〈主著〉単著：『脳卒中を生きる意味――病いと障害の社会学』（青海社、2006年）、『パブリックヘルス 市民が変える医療社会――アメリカ医療改革の現場から―』（明石書店、2012年）、『グローカル共生社会へのヒント いのちと健康を守る世界の現場から』（星槎大学出版会、2015年）など

大嶋英一（おおしま えいいち）
星槎大学教授
〈主著〉単著：『漢江の風』（日韓対訳）（2002年、時事日本語社）（韓国）
共著：『習近平政権第1期総括』「第7章 中国の海洋政策と海洋法〜中国の海洋法解釈と国家実行」アジア研究所・アジア研究シリーズNo.100（2019年、亜細亜大学編）
論文：「天安門事件から第十四回共産党大会までの中国内部の政治過程」（（2000年12月）、『外務省調査月報』2000年度No.3、pp.1〜48

渋谷節子（しぶや せつこ）
福知山公立大学教授
〈主著〉Living with Uncertainty: Social Changes and the Vietnamese Family in the Rural Mekong Delta（Iseas-Yusof Ishak Institute, 2015）、Urbanization, Jobs, and the Family in the Mekong Delta, Vietnam（Journal of Comparative Family Studies 49(1): 93-108; 2018）など

内尾太一（うちお たいち）
麗澤大学准教授　星槎大学非常勤講師
〈主著〉単著：『復興と尊厳：震災後を生きる南三陸町の軌跡』（2018年、東京大学出版会）
論　文：Micro-politics of Identity in a Multicultural Japan: The Use of Western Colonial Heritages among Japanese Filipino Children（2015年、国立民族学博物館研究報告）

渋谷　聡（しぶや さとし）
星槎大学教授
〈主著〉単著：『スポーツ心理学を生かした「誰でもできる陸上競技」練習法・指導法 中学校・高校編』（星槎大学出版会、2015年）
共著：阿部利彦ら編著『気になる子もいっしょに体育ではじめる学級づくり：ソーシャルスキルのつまずきを学級経営に生かす応援プラン109』（学研教育みらい、2017年）、阿部利彦監修『気になる子の体育 つまずき解決BOOK：授業で生かせる実例52』（学研教育みらい、2015年）、

服部由季夫（はっとり ゆきお）
星槎大学准教授
〈共著〉『共生科学研究序説』（なでしこ出版、2012年）、『共生コミュニケーション』（三恵社、2012年）

星槎大学叢書 4

共生科学概説
共生社会の構築のために
教育・福祉・国際・スポーツ

編 者　山脇直司

発行者　西村哲雄

発行所　星槎大学出版会
　　　　250-0631 神奈川県足柄下郡箱根町仙石原 718-255
　　　　TEL 0460-83-8202

編 集　かまくら春秋社
発 売　248-0006 鎌倉市小町 2-14-7
　　　　TEL 0467-25-2864

2019 年 3 月 22 日　初版第 1 刷
2020 年 7 月 31 日　初版第 2 刷
2024 年 8 月 26 日　初版第 3 刷

Ⓒ Naoshi Yamawaki 2019 Printed in Japan
ISBN978-4-7740-8008-6 C1036

星槎叢書刊行にあたって

　星槎は「人を認める・人を排除しない・仲間をつくる」という三つの約束のもとに、社会に必要とされる様々な環境を創り、その実践に向けた挑戦を続けています。

　人はお互いに補い合って生きています。しかし、ときに我々は共に生きるという大切なことが見えなくなってしまうことがあります。そうした事態を乗り越えるためには、日常の身近なことから「共に生きることを科学する」ことが求められます。具体的には、「人と人との共生」から教育・福祉・医療・心理・公共など、「人と自然との共生」から環境の持続可能性・生物多様性保全・災害への対応など、「国と国との共生」から国際関係・国際協力・安全保障などが挙げられるでしょう。

　星槎とは星のいかだです。由来は、それぞれに異なるさまざまな木を束ねて創った槎で天空の星をめざす、という中国の故事にあります。星槎叢書が、大海に槎を漕ぎ出し、より広く、より深い、知的冒険にあふれた共生実践に挑む航海者の羅針盤になることを願っています。

二〇一五年一月

宮澤　保夫

星槎大学出版会の本

星槎大学教養シリーズ 1
世界に伝える日本のこころ
みずほの国ふるさと草子

元文化庁長官
星槎大学客員教授
近藤誠一
定価：2500円＋税

星槎大学教養シリーズ 2
三六〇〇日の奇跡
「がん」と闘う舞姫

元競技プロダンサー
星槎大学大学院修士号
吉野ゆりえ
定価：1800円＋税

星槎大学叢書1
グローカル共生社会へのヒント
——いのちと健康を守る世界の現場から——

星槎大学教授
細田満和子
定価：2000円＋税

星槎大学叢書2
てんかん専門医の診察室から
——病気と共生するために——

田中神経クリニック院長
田中正樹
定価：1800円＋税

星槎大学叢書3
共生科学概説
人と自然が共生する未来を創る

坪内俊憲　保屋野初子　鬼頭秀一
定価：2200円＋税

星槎大学実用シリーズ1
スポーツ心理学を生かした
『誰でもできる陸上競技』
——練習法・指導法　中学校・高校編——

星槎大学准教授
渋谷聡
定価：2000円＋税

星槎大学出版会
神奈川県足柄下郡箱根町
仙石原 817-255
TEL 0460-83-8202

発売／かまくら春秋社
神奈川県鎌倉市小町 2-14-7
TEL 0467-25-2864